古代歷史文化^{研究}^{輯刊}

二一編

王明蓀 主編

第20冊

明代南京守備研究（上）

周忠 著

國家圖書館出版品預行編目資料

明代南京守備研究（上）／周忠 著 — 初版 — 新北市：花木
蘭文化事業有限公司，2019〔民 108〕
目 2+144 面；19×26 公分
（古代歷史文化研究輯刊 二一編：第 20 冊）
ISBN 978-986-485-738-8（精裝）
1. 軍制 2. 明代
618   108001506

ISBN-978-986-485-738-8

9 789864 857388

古代歷史文化研究輯刊
二一編　第二十冊　　　　　ISBN：978-986-485-738-8

明代南京守備研究（上）

作　　者　周忠
主　　編　王明蓀
總 編 輯　杜潔祥
副總編輯　楊嘉樂
編　　輯　許郁翎、王筑　美術編輯　陳逸婷
出　　版　花木蘭文化事業有限公司
發 行 人　高小娟
聯絡地址　235 新北市中和區中安街七二號十三樓
　　　　　電話：02-2923-1455 ／傳真：02-2923-1452
網　　址　http://www.huamulan.tw 信箱 hml810518@gmail.com
印　　刷　普羅文化出版廣告事業
初　　版　2019 年 3 月
全書字數　276837 字
定　　價　二一編 49 冊（精裝）台幣 122,000 元

明代南京守備研究（上）

周忠　著

作者簡介

周忠，男，江蘇南京人。文學博士，就讀於南京師範大學文學院中國古典文獻學專業。現任職於江蘇春雨教育集團。擔任《江蘇藝文志・泰州卷》的增訂工作，參與《江蘇地方文獻書目》《南京愚園文獻十一種》《江蘇省志・著述志》等書的編撰和整理工作。在《史學史研究》《歷史檔案》《東亞文獻研究》等刊物發表論文多篇。

提　　要

　　南京守備於永樂遷都北京後開始設立，權力十分廣泛，核心任務爲護衛留都南京的安全。南京守備官員來自內臣、武臣、文臣三個系統，由內守備數人（內臣），外守備一人、協同守備一人（武臣），參贊機務（文臣）一人組成，共同負責南京的安全事務。內守備多爲司禮監太監擔任，統領南京內府各機構，外臣掌管的軍國大事，內守備亦有權參與，常常凌駕於外臣之上。外守備、協同守備由勳臣擔任，統轄南京五軍都督府及所屬各衛所，明初期位高權重，其後權力爲文臣所取代。參贊機務多由南京兵部尙書擔任，掌管南京兵部，主持南京守備日常事務，實際起著決策左右。南京守備制度長達二百餘年，是留都南京最爲重要的政治軍事制度，有著鮮明的特點，對南京及南直隸的安全也起著重要作用。

目

次

導　言

　　1368 年明太祖朱元璋即皇帝位，改元洪武，國號曰明，定都應天（今南京）。洪武元年八月，以金陵（應天）爲南京，大梁（開封）爲北京。明成祖朱棣永樂元年（1403）春正月，以北平爲北京，南京爲京師。永樂十八年（1420），北京宮殿建成，成祖下詔十九年正月初一日北京爲京師，南京成爲留都。洪熙元年（1425）復置各部官屬於南京，去「南京」字，而以在北京者加「行在」字，仍置行部。宣德三年（1428）復罷行部。正統六年（1441），於北京去「行在」字，於南京仍加「南京」字，遂爲定制。自永樂十九年至明亡，南京俱保留一套中央政府機構，包括文職系統的大小九卿，武職系統的五軍都督府，以及內臣系統的二十四監局。

　　明代實行二都制，南京爲留都，其機構設置與明代前後幾個持續時間較長的朝代相比，又有其特點。唐代以長安爲都城，稱西京，以洛陽（河南府）爲東都，東都以河南府牧掌管（親王遙領），實際政務，以河南府尹主之。宋代以開封爲都城，稱東京，又以洛陽（河南府）爲西京，應天府（今河南商丘）爲南京，大名府（今河北大名縣）爲北京。西京、南京、北京設留守，以知府兼之，掌宮鑰及京城守衛、錢穀、兵民之政。元初以開平府（今內蒙古正藍旗）爲上都，燕京（大興府）爲中都，後以中都改大都，爲首都，上都爲陪都。上都設上都留守司，統管軍民事務，又兼管上都路都總管府。明之後的清代以北京爲首都，以盛京（奉天府，今瀋陽）爲陪都，初以內大臣、副都統等鎮守，後爲遼東將軍，又改爲盛京將軍，統轄盛京駐軍。又設盛京五部（無吏部），各部設侍郎一人，其責爲掌管財賦，主持祭祀，修護宮殿陵寢等。

　　與上舉唐、宋、元、清的陪都所設機構相比，南京所設的政府機構有鮮明的特點，一是地位高，南京所設的文官六部都察院、武官五軍都督府，都是最高一級國家機構，與北京同級。二是設置全，除皇帝的最高顧問機構內閣以外，所有的文武機構一應俱全。三是持續時間長，從仁宗洪熙元年起，直至明亡，歷時二百餘年。四是內臣發揮了重大的作用，明代宦官干預政務，南京亦然，以內守備爲首的內臣與文武官員共掌南京日常事務的管理。

　　南京所設立的中央政府機構，與北京同級機構相比，由於政務簡省，權力作用遠遠不及。南京各機構中，南京兵部最重要，萬曆《大明會典》卷一百五十八《南京兵部》：「本部尚書，成化二十三年始奉敕諭參贊機務，同內外守備官操練軍馬，撫恤人民，禁戢盜賊，振舉庶務。故其職視五部爲特重云。」〔註1〕南京武職官員中，以掌南京中軍都督府的南京外守備權力最大，《明史》卷七十六《職官五》：「南京以守備及參贊機務爲要職。」〔註2〕明人視南京爲根本之地，格外留心其安全守衛，南京所設各機構的核心任務爲守備留都南京，文臣擔任的參贊機務一職多由南京兵部尚書出任，實際上主持南京守備事務。自永樂末至景泰初，逐漸形成了一套獨特的南京守備制度，其後延續至明亡。

　　古籍中南京守備通常有兩個含義，一指由武臣擔任的南京守備官員，本文稱爲外守備爲南京武官之首，掌南京中軍都督府。一指包括內臣、武臣、文臣在內的所有守備官員，本文用第二個含義。守備官員來自內臣、武臣、文臣三個系統，由內守備數人（內臣），外守備一人、協同守備一人（武臣），參贊機務（文臣）一人組成，共同負責南京的安全事務。內守備統領南京內府各機構，外守備、協同守備統轄南京五軍都督府及所屬各衛所，參贊機務主持南京兵部日常事務。除此以外，南京都察院副都御史或僉都御史管理操江事務，南京戶部負責糧餉補給，南京工部負責南京城牆維護，軍械製造。一遇重大事件，南京內外文武高級官員集體會商。

　　明代留都南京是僅次於北京的重要城市，所設立的一應俱全的中央政府各機構，在中國政治制度史上亦爲絕無僅有，而其核心制度即爲南京守備。此制度持續時間長達二百餘年，未發生重大變化，不僅是留都南京最重要的

〔註1〕 《〔萬曆〕大明會典》，《續修四庫全書》791冊，655頁，上海古籍出版社2002年。
〔註2〕 〔清〕張廷玉《明史》，1864頁，中華書局1974年。

政治軍事制度，也是明代職務等級最高，官員設置最完備，制度最爲穩定的軍事安全制度，這一獨特的制度，此前沒有學者進行過專題研究，因而頗有研究價值，亦具有創新意義。本書試圖梳理這一制度的發展脈絡，包括此制度的沿革、內容，歸納其人員構成、生平資料等，總結其地位、特點。擬解決的關鍵問題是南京守備對留都南京乃至南直隸地區安全穩定所起的作用。

第一章　南京守備制度概述

　　南京守備制度始立於仁宗即位之初，一直延續至明亡，是明代最爲穩定的軍事安全制度。各類官員中內守備與外守備最先設立，英宗和景帝在位期間，又先後設立參贊機務和協同守備。其管轄區域也有變化，最初南京以外地區亦有權管轄，後只局限於南京內外城池。南京守備的職掌則包含與南京安全相關的所有重要事務。

一、南京守備設置時間

　　關於南京守備的始設，有關記載說法不一，一說先有外守備，後有內守備。萬曆《大明會典》卷二百二十七《南京五軍都督府》：「永樂定都北京，始命中府掌府事官守備南京，通行節制南京衛所。洪熙二（元）年始以內臣同守備。」〔註1〕中府掌府事官即南京中軍都督府掌印官，後來由南京外守備專任。明王圻《續文獻通考》卷八十四《職官考》：「永樂二十二年秋皇太子即位，命襄城伯李隆鎮守南京，駙馬都尉沐昕同鎮守。洪熙元年又以內臣守備南京。」〔註2〕清張廷玉《明史》卷八九《兵一》承萬曆《大明會典》之說。《明史》卷八《仁宗本紀》：永樂二十二年（1424）九月，「戊子，始設南京守備，以襄城伯李隆爲之。」洪熙元年（1425）二月戊申，「命太監鄭和守備南京。」〔註3〕皆言先有外守備，後有內守備。

〔註1〕　《〔萬曆〕大明會典》，《續修四庫全書》792冊，671頁。
〔註2〕　〔明〕王圻《續文獻通考》卷八十四，《續修四庫全書》763冊，425頁。
〔註3〕　〔清〕張廷玉《明史》，109頁、111頁。

　　一說南京守備自內守備始，明尹守衡《皇明史竊》：「（洪熙）元年正月命鄭和守備南京，是留都之有守備自和始也。」〔註4〕清查繼佐《罪惟錄》：「洪熙初鄭和復守備南京，留都有守備自和始。」〔註5〕清萬斯同《明史》：「仁宗洪熙元年，復命和領下番軍守備南京，與太監王景弘、朱卜花、唐觀保協理營務，遇大事則與襄城伯李（景）隆、駙馬都尉沐昕計議而行。自是內官典兵及守備南京皆自和始也。」〔註6〕清王鴻緒《明史稿》鄭和傳：「洪熙元年二月，仁宗命和以下番諸軍守備南京，南京設守備，自和始也。」〔註7〕張廷玉《明史》卷三〇四《宦官一》鄭和傳承此說。上述皆言南京守備自內守備鄭和始。

　　另一說內外守備同時設立，明王圻《續文獻通考》：「仁宗洪熙元年正月丁未，命內官監太監鄭和，領下番官軍守備南京，在內與太監王景弘、朱卜花、唐觀保協同管事，遇外有事同襄城伯李隆、駙馬都尉沐昕計議而行。按此南京守備之始。」〔註8〕明王世貞《弇山堂別集》卷九十《中官考一》同此說。《弇山堂別集》卷六十四《南京守備協同參贊大臣年表》：「自二十二年皇太子即位為仁宗，亡何晏駕。皇太子來自南都即位，是為宣宗，始制詔太監鄭和、王瑾總下西洋及留都水陸兵馬，與駙馬都尉沐昕、襄城伯李隆同督守備，於是和等稱內守備，昕等稱外守備。」〔註9〕亦言內外守備同時設立。

　　邵磊、張正祥《鄭和在南京的官署——內守備廳與內官監》亦認為內外守備同時設立，「南京守備一職，始設於永樂二十二年（1424年）九月，初無內、外之分。洪熙元年（1425年）二月，仁宗又詔鄭和以下番諸軍守備南京，洪熙元年六月十二日，宣宗繼帝位於北京。南遷之議擱淺。遂正式任命南京守備。並分解為外守備與內守備。其中襄城伯李隆繼續擔任外守備，內守備即守備太監為鄭和、王景弘二人。」〔註10〕

〔註4〕〔明〕尹守衡《皇明史竊》卷二十五，《續修四庫全書》317冊，60頁。

〔註5〕〔清〕查繼佐《罪惟錄》列傳卷二十九，《續修四庫全書》323冊，472頁。

〔註6〕〔清〕萬斯同《明史》卷四百五《宦官上》《續修四庫全書》331冊，374頁。

〔註7〕〔清〕王鴻緒《明史稿》（六）列傳一百七十八《宦官上》，337頁，臺北文海出版社1985年。

〔註8〕〔明〕王圻《續文獻通考》卷九十三《職官考》，《續修四庫全書》763冊，559頁。

〔註9〕〔明〕王世貞《弇山堂別集》，1201頁，中華書局1985年。

〔註10〕邵磊、張正祥《鄭和在南京的官署——內守備廳與內官監》，《鄭和研究》2006年第4期，60頁。

明代史籍中，有關南京守備的記載最早的是《仁宗實錄》，永樂二十二年七月辛卯太宗崩。八月甲辰楊榮等傳遺命至北京。仁宗拜受，既而命蹇義、楊榮、楊士奇、呂震議合行事宜及喪禮。首先加強京城守衛，包括南北二京。丙午，諭寧陽侯陳懋、陽武侯薛祿率領原隨駕精壯馬隊馳回北京。〔註11〕次日丁未，即命王貴通（即王景弘）守備南京。永樂二十二年八月丁未，「命太監王貴通率下番官軍赴南京鎮守，宮中諸事同內官朱卜花、唐觀保，外事同附馬都尉西寧侯宋琥、駙馬都尉沐昕計議而行。」〔註12〕此條實錄明言由太監王貴通領兵鎮守，亦即守備。宮中諸事即南京皇城事務由內官朱卜花、唐觀保管理。外事即南京都城守衛由附馬都尉西寧侯宋琥、駙馬都尉沐昕管理，王貴通監管內外事務。在此之前，朱卜花、唐觀保所任不見記載，當爲南京宦官之首。附馬都尉西寧侯宋琥所任職務不詳，當負責南京治安之責，如永樂二十一年春三月己亥，「盜入南京大祀壇天庫，盜蒼璧二、黃琮一，命西寧侯宋琥督南京五城兵馬捕賊。」〔註13〕駙馬都尉沐昕則於王貴通任南京守備的同日，被任命掌管南京後軍都督府。〔註14〕此時的南京守備由內臣王貴通（王景弘）擔任，留都南京的守備事務已分爲內臣和武臣兩個系統的官員管理，王貴通兼負內外之責。南京守備設立始於內守備。

武臣擔任的南京外守備的設立在內守備設立一個月之後，永樂二十二年九月戊子，「命襄城伯李隆同駙馬都尉宋琥、沐忻（昕）於南京操兵守備。」〔註15〕此條實錄爲武臣任守備最早的記載，外守備爲三人，襄城伯李隆、駙馬都尉西寧侯宋琥、駙馬都尉沐昕。當月己亥，宋琥解任，召回北京，「敕駙馬都尉西寧侯宋琥：先帝之山陵之期已近，即馳驛前來。」〔註16〕沐昕任守備只有三個月，次年二月便專管孝陵祭祀，洪熙元年二月戊辰，「敕守南京駙馬都尉沐昕（昕）：自今孝陵四時祭祀，命爾行禮，必誠敬請清潔，以格神明，不可纖毫怠忽。其都督府印封襄城伯李隆兼管，爾不必預。」〔註17〕此

〔註11〕《仁宗實錄》卷一上，《明實錄》，臺灣中央研究院歷史語言研究所影印本，1962年，9冊，5頁。
〔註12〕《仁宗實錄》卷一上，《明實錄》9冊，6頁。
〔註13〕《太宗實錄》卷二百五十七，《明實錄》9冊，2374～2375頁。
〔註14〕《仁宗實錄》卷一上，《明實錄》9冊，6頁。
〔註15〕《仁宗實錄》卷二下，《明實錄》9冊，67頁。
〔註16〕《仁宗實錄》卷二下，《明實錄》9冊，81頁。
〔註17〕《仁宗實錄》卷七下，《明實錄》9冊，244頁。

後守備由李隆一人擔任。宋琥、沐昕任守備時間太短，明清史書言及南京外守備只言李隆一人，此後南京外守備也只由一人擔任。

參贊機務設於宣德十年（1435），明楊士奇《東里續集》卷二十七《榮祿大夫少保戶部尚書黃公神道碑銘》：「宣廟念公春秋高久勞在外，改南京戶部尚書。上龍飛之初，以南京根本重地，公先朝老成，進榮祿大夫、少保，仍兼尚書，參贊襄城伯李隆南京守備。」〔註18〕「上龍飛之初」，即英宗即位的宣德十年正月。《英宗實錄》卷一，宣德十年春正月辛丑，「命戶部尚書黃福參贊南京機務。」〔註19〕萬曆《大明會典》卷二百二十七《南京五軍都督府》亦言，「宣德十年設參贊機務。」〔註20〕萬斯同《明史》卷七十《職官下》〔註21〕，王鴻緒《明史稿》志五十七《職官四》〔註22〕，張廷玉《明史》卷七十五《職官四》並誤作宣德八年始。〔註23〕

協同守備設於景泰元年（1450），景泰元年五月庚申，「敕都督僉事趙倫協同豐城侯李賢守備南京，同掌中軍都督府事。」〔註24〕首任協同守備為都督僉事趙倫。萬曆《大明會典》卷二百二十七《南京五軍都督府》〔註25〕，萬斯同《明史》卷七十《職官下》〔註26〕，王鴻緒《明史稿》志五十七《職官四》〔註27〕，《明史》卷七十六《職官五》載協同守備設於景泰三年。〔註28〕上述《明史》等書所誤原因相同，都為徵引《明實錄》有誤，誤引出處在《英宗實錄》卷二百一十三，景泰三年二月丙子，「命南京中軍都督僉事趙倫協同守備分督操練。仍命都督同知李得，署都督僉事房顯、蕭能，錦衣衛指揮使張英，指揮同知徐昇等更番守衛巡城。」〔註29〕此時趙倫任協同守備已近兩年，他首次協同的南京守備豐城侯李賢已病卒，由寧遠伯任禮接任。

〔註18〕〔明〕楊士奇《東里續集》，《景印文淵閣四庫全書》，臺灣商務印書館 1986年，1239 冊，15 頁。
〔註19〕《英宗實錄》卷一，《明實錄》13 冊，34 頁。
〔註20〕《〔萬曆〕大明會典》，《續修四庫全書》792 冊，671 頁。
〔註21〕〔清〕萬斯同《明史》，271 頁。
〔註22〕〔清〕王鴻緒《明史稿》237 頁。
〔註23〕〔清〕張廷玉等《明史》，1833 頁。
〔註24〕《英宗實錄》卷一百九十二，《明實錄》18 冊，4010 頁。
〔註25〕《〔萬曆〕大明會典》，《續修四庫全書》792 冊，671 頁。
〔註26〕〔清〕萬斯同《明史》，272 頁。
〔註27〕〔清〕王鴻緒《明史稿》239 頁。
〔註28〕〔清〕張廷玉等《明史》，1864 頁。
〔註29〕《英宗實錄》卷二百十三，《明實錄》18 冊，4583 頁。

　　南京守備設立時間起自永樂二十二年設立內守備，至景泰元年設立協同守備。景泰五年（1454），因外守備任禮、協同守備趙倫相攻訐，革協同守備一職，天順元年（1457）復設。天順元年（1457）正月英宗復辟，二月命參贊機務南京兵部尚書張純在內的南京六部尚書全部致仕，此後參贊機務革置，至天順六年復設。此後南京守備始終設置，直至明亡。

二、南京首任守備官員

　　明王圻《續文獻通考》、王世貞《弇山堂別集》、塗山《明政統宗》、尹守衡《皇明史竊》，清查繼佐《罪惟錄》、萬斯同《明史》、王鴻緒《明史稿》、張廷玉《明史》等均認爲南京內臣守備自鄭和始。《罪惟錄》、張廷玉《明史》未提依據，《續文獻通考》、《弇山堂別集》、《明政統宗》、《皇明史竊》、萬斯同《明史》均採自《仁宗實錄》洪熙元年二月戊申條（有書誤引作丁未）。考察《明實錄》，首任南京內守備應爲王景弘（王貴通）。

　　永樂二十二年八月丁未，「命太監王貴通率下番官軍赴南京鎮守，宮中諸事同內官朱卜花、唐觀保，外事同駙馬都尉西寧侯宋琥、駙馬都尉沐昕計議而行。」〔註30〕此爲南京內守備最早的記載，而鄭和任守備已是四個月後，洪熙元年二月戊申，「命太監鄭和領下番官軍守南京，於內則與內官王景弘、朱卜花、唐觀保協同管事，遇外有事同襄城伯李隆、駙馬都尉沐昕商議的當，然後施行。」〔註31〕「守南京」與「南京鎮守」職掌相同，「宮中諸事」與「於內」即指南京皇城守衛，「外事」與「遇外有事」即指皇城以外南京都城守衛。從《仁宗實錄》這兩條記載看，二人職掌並無差異，根據現有文獻，王景弘（王貴通）爲南京首任內守備應該更恰當。之所以明清史家認爲南京內守備自鄭和始，可能和此後王貴通便無記載有關，此王貴通和《仁宗實錄》洪熙元年二月戊申中提到協同管事的王景弘應爲一人。

　　有關王景弘的資料，除《明實錄》外，還見於明費信《星槎勝覽》、鄭曉《今言》、錢穀《吳都文粹續集》、清張廷玉《明史》、今人鄭鶴聲、鄭一鈞編《鄭和下西洋資料彙編》等。《星槎勝覽》卷一《占城國》：「永樂七年太宗皇帝命正使太監鄭和、王景弘等統官兵二萬七千餘人，駕海舶四十八號，往諸番國開讀賞賜。」卷三《錫蘭山國》：「永樂七年鄭和等齎詔勅、金銀供器、

〔註30〕《仁宗實錄》卷一上，《明實錄》9冊，6頁。
〔註31〕《仁宗實錄》卷七上，《明實錄》9冊，232頁。

彩妝、織金寶幡布施於寺及建石碑，賞賜國王頭目。」〔註32〕《今言》卷四：
「永樂七年，遣太監鄭和、王景弘、侯顯率官兵三萬下西洋。」〔註33〕《吳
都文粹續集》卷二十八鄭和撰《婁東劉家港天妃宮石刻通番事蹟記》：「明宣
德六年，歲次辛亥春朔，正使太監鄭和、王景弘，副使太監朱良、周福、洪
保、楊眞，左少監張達等……」〔註34〕張廷玉《明史》卷三○四《宦官一》
鄭和傳：「永樂三年六月，命和及其儕王景弘等通使西洋。」「宣德五年六月，
帝以踐祚歲久，而諸番國遠者猶未朝貢，於是和、景弘復奉命，歷忽魯謨斯
等十七國而還。」〔註35〕《明史》卷三二五《蘇門答剌》：宣德五年，「帝以
外番貢使多不至，遣和及王景弘遍歷諸國。」宣德九年，「時景弘再使其國。」
〔註36〕《鄭和下西洋資料彙編》載發現於福建長樂的《天妃之神靈應記》：「宣
德六年歲次辛亥仲冬吉日，正使太監鄭和、王景弘，副使太監李興、朱良、
周滿、洪保、楊眞、張達、吳忠都指揮朱眞、王衡等立。」〔註37〕

　　《明實錄》王景弘下西洋的記載有兩條，宣德五年（1430）六月戊寅，
「遣太監鄭和等賚詔往諭諸番國……茲特遣太監鄭和王景弘等賚詔往諭。」
〔註38〕宣德十年（1435）夏四月癸卯，「命蘇門答剌國王宰奴里阿必丁男阿
卜賽亦的嗣為國王，先是以公務遣中官王景弘往其國。」〔註39〕

　　據以上各書，王景弘下西洋事蹟有記載的是：永樂三年（1405）與鄭和
通使西洋，七年（1409）與鄭和又往諸番國，在錫蘭立碑。宣德五年（1430）
與鄭和賚詔往諭諸番國，宣德六年出海。宣德九年（1434）或之前獨自出使
蘇門答剌。

　　《明實錄》記載王景弘守備南京事蹟較多：洪熙元年（1425）二月戊申
與鄭和等守南京。〔註40〕洪熙元年四月甲辰受敕修葺南京宮殿。〔註41〕洪熙
元年六月辛亥宣宗遣使齎敕諭南京守備襄城伯李隆與鄭和、王景弘等晝夜用

〔註32〕　〔明〕費信《星槎勝覽》，《續修四庫全書》742 冊，409 頁、420 頁。
〔註33〕　〔明〕鄭曉撰、李致忠點校《今言》，中華書局 1984 年，194 頁。
〔註34〕　〔明〕錢穀《吳都文粹續集》，《景印文淵閣四庫全書》1385 冊，722 頁。
〔註35〕　〔清〕張廷玉《明史》，7766～7767 頁、7768 頁。
〔註36〕　〔清〕張廷玉《明史》，8420 頁、8421 頁。
〔註37〕　鄭鶴聲、鄭一鈞編《鄭和下西洋資料彙編》上冊，齊魯書社 1980 年，44 頁。
〔註38〕　《宣宗實錄》卷六十七，《明實錄》11 冊，1576～1577 頁。
〔註39〕　《英宗實錄》卷四，《明實錄》13 冊，83 頁。
〔註40〕　《仁宗實錄》卷七上，《明實錄》9 冊，232 頁。
〔註41〕　《仁宗實錄》卷九上，《明實錄》9 冊，280～281 頁。

心，整肅軍伍。〔註42〕宣德三年（1428）六月庚戌敕李隆及戶部及鄭和、王景弘等新鈔可暫停造，工匠聽其休息等。〔註43〕宣德三年八月庚寅命鄭和、王景弘等以內府見貯大絹等令戶部遣官運赴北京。〔註44〕宣德四年（1429）二月乙未命移郢靖王宮眷居南京舊內，敕王景弘等衣服飲食百需依期給之。〔註45〕宣德九年（1434）十二月甲戌敕李隆、王景弘等南京工部凡各處採辦買辦一應物料並營造物料悉皆停罷，軍夫工匠人等當放者即皆放回。〔註46〕宣德十年春正月辛丑命戶部尚書黃福參贊襄城伯李隆機務，凡事同隆及太監王景弘等計議而行。〔註47〕宣德十年（1435）六月丁巳敕王景弘及李隆、黃福等計議操江事務。〔註48〕正統元年（1436）二月己未敕王景弘等及李隆、黃福一切造作悉皆停罷。〔註49〕正統元年三月丁卯朔敕王景弘等揀閱南京承運等八庫。甲申敕王景弘等於官庫支胡椒蘇木共三百萬斤委官送至北京。〔註50〕

　　王景弘守備南京至正統元年或正統二年，據《英宗實錄》正統二年（1437）冬十月癸未，「敕諭太子太保成國公朱勇、新建伯李玉、武進伯朱冕、都督沈清、尚書魏源曰：茲特命爾等同太監王景弘等整點在京各衛。」〔註51〕此時王景弘已在北京任職，從「整點在京各衛」以及與其共事的官員身份看，王景弘在北京的職位可能與京營事務有關。此後王景弘不見於《明實錄》記載。

　　有關王貴通的資料記載較少，《明實錄》有一條，永樂五年（1407）九月庚辰，「遣太監王貴通齎敕往勞占城國王占巴的賴，賜王白金三百兩彩絹二十表裏，嘉其嘗出兵助征安南也。」〔註52〕明嚴從簡《殊域周咨錄》卷七《南蠻》占城，又記永樂四年（1406），「國王占巴的賴既出兵（伐安南），復遣中官王貴通敕賜往勞之。」〔註53〕張廷玉《明史》卷三二四《外國五》

〔註42〕《宣宗實錄》卷二，《明實錄》10冊，31頁。
〔註43〕《宣宗實錄》卷三十四，《明實錄》11冊，1095頁。
〔註44〕《宣宗實錄》卷四十六，《明實錄》11冊，1123頁。
〔註45〕《宣宗實錄》卷五十一，《明實錄》11冊，1223～1224頁。
〔註46〕《宣宗實錄》卷一百十五，《明實錄》12冊，2597頁。
〔註47〕《英宗實錄》卷一，《明實錄》13冊，34頁。
〔註48〕《英宗實錄》卷六，《明實錄》13冊，122頁。
〔註49〕《英宗實錄》卷十四，《明實錄》13冊，267～268頁。
〔註50〕《英宗實錄》卷十五，《明實錄》13冊，289頁。
〔註51〕《英宗實錄》卷三十五，《明實錄》13冊，691頁。
〔註52〕《太宗實錄》卷七十一，《明實錄》7冊，999頁。
〔註53〕〔明〕嚴從簡《殊域周咨錄》，《續修四庫全書》735冊，657頁。

占城:「(永樂)五年攻取安南所侵地,獲賊黨胡烈、潘麻休等獻俘闕下,貢方物謝恩。帝嘉助兵討逆,遣中官王貴通齎敕及銀幣賜之。」〔註54〕清僧照乘《天后顯聖錄》永樂十五(1417)年,「欽差內官王貴通、莫信、周福率領千戶彭祐、百戶韓翊、并道士詣廟,修設開洋清醮。」永樂十九年(1421),「太監王貴通等又奉命往西洋,禱祝顯應。奏上,遣內官修整祖廟,備禮致祭。」〔註55〕綜上所述,王貴通永樂五年出使占城,永樂十五年往天妃廟祈福,永樂十九年出使西洋。

王景弘、王貴通為一人的依據之一見於保存在科倫坡博物館的布施錫蘭山佛寺碑,據鄭鶴聲、鄭一鈞編《鄭和下西洋資料彙編》所載《布施錫蘭山佛寺碑》記載:「大明皇帝遣太監鄭和、王貴通等,昭告於佛世尊……永樂七年歲次己丑二月甲戌朔日謹施。」〔註56〕而《星槎勝覽》卷一《占城國》:「永樂七年,太宗皇帝命正使太監鄭和、王景弘等統官兵二萬七千餘人,駕海舶四十八號往諸番國開讀賞賜。」卷三《錫蘭山國》:「永樂七年鄭和等齎詔勅、金銀供器、彩妝、織金寶幡布施於寺及建石碑,賞賜國王頭目。」〔註57〕《今言》卷四:「永樂七年,遣太監鄭和、王景弘、侯顯率官兵三萬下西洋。」〔註58〕據此,《布施錫蘭山佛寺碑》記載的王貴通與永樂七年(1409)和鄭和一起出使西洋的王景弘當為一人。

《劍橋中國明代史》認為二者為一人,先名王景弘,後名王貴通,並沒有提出依據。「所有這些遠征由宦官鄭和和他的副手王景弘(後來官方名字為王貴通,約1434年死)及侯顯指揮。」〔註59〕「朱高熾直到1424年8月25日才得知永樂帝之死,這時皇帝的代表帶著傳位的遺詔到達北京。他立刻與吏部尚書蹇義、大學士楊士奇和楊榮商量。他下令加強京城的治安,並派大太監王貴通(原名王景弘)去南京任鎮守。」〔註60〕

方志遠《明代的鎮守中官制度》,據《仁宗實錄》永樂二十二年八月丁未

〔註54〕 〔清〕張廷玉《明史》,8386頁。
〔註55〕 〔清〕僧照乘《天后顯聖錄》,陳支平主編《臺灣文獻匯刊》第五輯第十五冊,448頁、412頁,九州出版社、廈門大學出版社2004年。
〔註56〕 鄭鶴聲、鄭一鈞編《鄭和下西洋資料彙編》(上冊),37頁。
〔註57〕 〔明〕費信《星槎勝覽》,《續修四庫全書》742冊,409頁、420頁。
〔註58〕 〔明〕鄭曉撰、李致忠點校《今言》,194頁。
〔註59〕 〔美〕牟復禮、〔英〕崔瑞德《劍橋中國明代史》,257頁,中國社會科學出版社1992年。
〔註60〕 〔美〕牟復禮、〔英〕崔瑞德《劍橋中國明代史》,308頁。

所記，認爲南京守備太監的設置在永樂二十二年八月，最早受命爲南京守備太監的，不是鄭和，而是王景弘。王貴通當是王景弘的諧音。〔註61〕

陳學霖《明代宦官與鄭和下西洋的關係》對王景弘的生世做了較詳細的考證，他也認爲王景弘即王貴通，不過與《劍橋中國明代史》相反，先名王貴通，後名王景弘，此說比較合乎情理。「兩人活躍於同一時期，都是內宮閹寺，後來晉升太監，隨鄭和出使西洋，爲統率舟師列名次席的正使，許多行事都離奇地吻合。其次，從史事記錄的年代而言，兩者的行事都是相續的，並無重複或衝突。當王貴通在記載上消失後，王景弘的類似事情便接著出現，二人未有在同時代的記載中並列。」「仁宗登基未幾王景弘之名即出現，很可能是皇帝感謝擁立之功，因此賜他『景弘』一名。（時人陳培基及徐克明撰文謂：仁宗登基後改年號爲『洪熙』，從『景弘』與『洪熙』字音與字義間的關係來看，可以無疑地肯定『景弘』這個名字是仁宗所賜。）從文義上來考慮，『貴通』與『景弘』兩個名字密切相關，若前者爲名，後者爲字，十分貼切典雅，很容易聯想同爲一人。」〔註62〕

李金明《王景弘與鄭和下西洋》認爲二者並非一人，依據是：一、《布施錫蘭山佛寺碑》碑文不清，並引向達所錄碑文王貴通處爲王清濂，二、《太宗實錄》、《明史》有永樂五年王貴通出使占城的記載，而同年王景弘又與鄭和二次出使，時間衝突。三、《仁宗實錄》載王貴通與王景弘任南京守備相差半年，同一人不可能記作兩名。〔註63〕第一條疑問據吳之洪《〈布施錫蘭山佛寺碑〉碑文及相關史實考》，作者曾經查看實物並仔細分析照片，認定碑文爲「大明皇帝遣太監鄭和王貴通詔告……」〔註64〕第二條疑問，陳學霖認爲時間並不衝突，「《實錄》載永樂五年九月壬子（初二）鄭和等首次出洋回歸，同月庚辰（三十）命王貴通齎敕往勞占城國王，而據《福建長樂南山寺天妃靈應記》，是年冬或六年春（確實月日不詳），鄭和等始第二次下西洋。故此，王貴通若不是先往占城然後回國參加遠航，則在其地等候鄭和舟師繼續航程，或是稍遲始與船隊出發，到占城時齎敕往勞國王。」〔註65〕筆者認

〔註61〕歐陽琛、方志遠《明清中央集權與地域經濟》157～158頁，中國社會科學出版社2002年。

〔註62〕陳學霖《明代宦官與鄭和下西洋的關係》，香港中文大學《中國文化研究所學報》2008年，181～183頁。

〔註63〕江蘇省鄭和研究會等《鄭和研究》，2005年第1期，63頁。

〔註64〕江蘇省鄭和研究會等《鄭和研究》，2005年第4期，43頁。

〔註65〕陳學霖《明代宦官與鄭和下西洋的關係》，183頁。

爲並沒有充分依據證實王景弘參加了鄭和第二次下西洋，故此不存在時間衝突問題。第三條疑問陳學霖改名之說可信。

筆者在楊士奇《東里別集》中也找到一條依據，可證明王貴通即王景弘。《東里別集》卷三《論初即位事宜》：「南京雖內有太監王貴通等，外有襄城伯李隆在彼備禦，然係國家根本之地，今當特賜勅諭使之謹慎關防，操練軍馬，以鎮伏小人之心，更須老成忠直之人與之一同計議事務。臣切見南京戶部尚書黃福老成忠直，欲請敕令黃福就彼參贊軍務，仍敕王貴通、李隆等凡一應事務俱與黃福計議停當然後施行，庶幾根本堅固，事無疏失。」〔註66〕此文當作於宣德十年春正月英宗剛即位時，《英宗實錄》卷一，宣德十年春正月庚子，「少傅兵部尚書兼華蓋殿大學士楊士奇等言於上曰：……南京國家根本之地，宜敕內外守備官員謹慎關防，切見南京戶部尚書黃福老成忠直，宜敕令就彼參贊機務，庶無疏失。」〔註67〕而當月任南京內守備的就是王景弘，《宣宗實錄》卷一百十五，宣德十年春正月甲戌，「敕行在工部及南京守備襄城伯李隆、太監王景弘等。」〔註68〕綜合上述材料，《論初即位事宜》中的南京內守備王貴通與《宣宗實錄》卷一百十五的南京守備太監王景弘應爲一人。

三、南京守備議事場所、管轄區域

南京守備官員各自有主管的日常事務，在各自衙門處理這些事務，而與南京守備相關的事務則需各類官員共同商議，其議事場所爲守備廳，設於南京中軍都督府。南京外守備爲南京中軍都督府掌印官，守備廳也是南京外守備日常辦公場所。南京中軍都督府位於今南京御道街中段以西的民航酒店與南京聾人學校附近。

守備廳爲南京守備官員議事之處，每日外守備與參贊機務於守備廳署理守備機務。每月朔望日，外守備、參贊機務與五軍都督府掌印官，以及內守備商議各類事務。外守備每日亦在此辦理所掌中軍都督府事務。〔註69〕一遇重大突發事件，南京大小九卿等高級官員在此會商應對。

守備廳議事時，由於官員眾多，其坐次亦常起爭議，弘治四年五月，掌

〔註66〕 〔明〕楊士奇《東里別集》，《景印文淵閣四庫全書》1239 冊，645 頁。
〔註67〕 《英宗實錄》卷一，《明實錄》13 冊，33 頁。
〔註68〕 《宣宗實錄》卷一百十五，《明實錄》12 冊，2597 頁。
〔註69〕 《〔萬曆〕大明會典》，《續修四庫全書》792 冊，672 頁。

南京左軍都督府事魏國公徐俌就上奏：「凡朔望守備廳議事，臣每坐於外守備官之下，臣爲守備，與臣爵等者固當列於臣左。其協同守備、或侯或伯及都督皆居臣之上，似非朝廷序爵之意。」徐俌認爲自己爲公爵卻坐於侯伯都督之下，不符禮制。兵部覆奏以爲「守備與五府官若爵秩相等，則先守備，否則以爵爲序。」即認同徐俌所奏，以爵位爲序，爲朝廷採納。〔註70〕

在明代文獻中，南京有多種含義，地域範圍最大等同於南直隸，如明代所修的地理總志《寰宇通志》、《明一統志》用南京代指南直隸，清代所修《明史·地理一》承此說。南京又常被代指應天府，萬曆《大明會典》卷十五《戶部二》「南京並直隸地方」，即先列應天府，其次爲南直隸鳳陽等府。南京一般又指南京都城，即今現存城牆包圍的南京城。而南京守備所負責安全的南京，指的是包括南京都城在內的南京內外城郭，或稱南京城池。明代皇帝與南京守備的敕諭中多有記載，如景泰二年二月庚寅，「敕諭南京文武百官：南京根本之地，軍政最爲緊要。爾兵部尙書靖遠伯王驥並守備管事內外文武官員，務在晝夜用心，提督操練軍馬，固守城池。」〔註71〕

明代南京城最外圍爲外城，十八門關，江東門、馴象門、大安德門、小安德門、鳳臺門、雙橋門、夾崗門、上坊門、高橋門、滄波門、麒麟門、仙鶴門、姚坊門、觀音門、佛寧門、上元門、外金川門、石城關。其次爲裏城，即現存南京城牆所環繞的南京都城，十三門，正陽門，朝陽門，太平門，神策門，金川門，鍾阜門，儀鳳門，定淮門，清江門，石城門，三山門，聚寶門，通濟門。其中最重要的建築有處於都城外的孝陵和都城內東部的皇城。

《南樞志》卷四十七載南京陸上郊營伏場三十六處，此即南京衛所官軍設立的外圍防禦陣地，南京西面爲大江，不設伏場。南營馴象門，小安德門，大安德門，鳳臺門，夾崗門。東營上坊門，高橋門，小水關，滄波門，麒麟門，仙鶴門。北營仙鶴門，姚坊門，觀音門。〔註72〕

南京附近江面安全由南京操江官員統率的南京新江營水軍負責，南京守備亦有權節制。水路防守區域，南京長江地段上至采石，下至觀音港（燕子磯東）。分三段，上江，所管江面上至采石，下至大勝關，駐紮和尙港。上新河，所管江面上至大勝關，下至草鞋峽，駐紮上新河。下江，所管江面上至

〔註70〕《孝宗實錄》卷五十一，《明實錄》29冊，1016頁。
〔註71〕《英宗實錄》卷二百一，《明實錄》18冊，4303頁。
〔註72〕〔明〕范景文《南樞志》卷四十七《南京郊營伏場圖考》，《中國方志叢書》，臺北成文出版社1983年，939～962頁。

草鞋峽，下至唐家渡，駐紮觀音港。〔註73〕

嘉靖三十二年，師尚詔率河南農民軍進犯江北鳳陽等府，參贊機務南京兵部尚書潘潢得報，部署南京防守事宜：「新江口坐營臨淮侯李廷竹、把總指揮王銳領軍常川防守新江口地方。把總指揮劉簡領水軍一千名、戰船四十隻，把總指揮凌芝領陸軍五百名把守和尙港。把總指揮王領軍一千名、戰船四十隻把守觀音港。把總指揮陳勳領陸軍五百名，哨總指揮劉貴領水軍五百名、戰船二十隻把守上新河。神機營坐營指揮程鵬領陸軍一千名把守龍江關，大教場小教場坐營指揮蔣欽領陸軍一千名防守內營，把總指揮卞實領陸軍五百名防守觀音門。仍移各院寺等衙門各堂上官右侍郎歐陽塾等各分督正陽等十三門，又添撥軍士選委才幹軍職協守外城江東等十八門。」〔註74〕上述和尙港、觀音港、上新河爲沿江水域，龍江關、觀音門爲江邊陸上要道，其次則外城江東等十八門，裏城正陽等十三門。

南京守備設置初期，其權力比後任大得多，管轄範圍遠超出南京內外城郭，首任南京外守備李隆管轄地域北至揚州，東至蘇州。洪熙元年（1425）二月，敕守南京襄城伯李隆等，「直隸鎭江、常州、蘇州一路強賊出沒劫掠，即量官軍船隻，愼選廉公有智頭目率領前去襲捕。」〔註75〕洪熙元年三月，敕守南京襄城伯李隆，「蘇松等府頑民以取魚爲名，用船往來江上行劫。又揚州各縣無藉之徒，每二三十人共一舟，載私鹽於鎭常等處發賣，就殺人劫財。即選精壯軍士，簡的當頭目管領前去追捕。」〔註76〕李隆是南京守備中最受朝廷重用的守備官員，其權力、地位後世難以相比，此後南京守備職掌只是守衛南京。

南京內外城郭爲南京守備管轄區域，而在實際運作中則應人而異，敷衍塞責的官員只固守南京城池，而恪盡職守的官員則把其守衛範圍擴大至江北。嘉靖間南京給事中劉堯誨上《盜越都城劫獄懇恩究治官員疏》，「今夏五月間倭寇入天長，迫近留都，咸勸南京兵部調兵往援，乃曰：各有巡撫，我軍能守都城足也。」〔註77〕消極避事的守備官員將其職責限制爲守衛南京都城。

〔註73〕〔明〕范景文《南樞志》卷四十七《江上暗伏》，962～963 頁。

〔註74〕〔明〕陳子龍《皇明經世文編》卷一百九十九《賊情疏》，《續修四庫全書》1658 冊，58 頁。

〔註75〕《仁宗實錄》卷七上，《明實錄》9 冊，234 頁。

〔註76〕《仁宗實錄》卷八下，《明實錄》9 冊，266 頁。

〔註77〕〔明〕劉堯誨《劉堯誨先生全集》卷一《南垣疏》，《四庫全書存目叢書》，齊魯書社 1997 年，集部 128 冊，376 頁。

　　萬曆間參贊機務南京兵部尚書周世選奏請朝廷命南京周圍應天巡撫、鳳陽巡撫、操江都御史等官員，加強協作，「若賊由江南入犯，江南官兵不即截剿，則江南文武封疆之臣任其罪，其在江北在江口亦如之。或倭奴流至都城之外不即擒滅，則臣等任其罪。」〔註78〕周世選認爲都城之外亦爲南京守備責任區域。

　　崇禎間參贊機務南京兵部尚書范景文頗勇於任事，認爲雖然南京守備專責爲守衛南京城池，亦有責守衛江北門戶，「臣部所統原屬禁旅，內護陵京是其專責，江北郡邑非關信地。然臣私以廬乃江南第一重門戶，江浦則第二重門戶也。與其禦之江南不如江北。」〔註79〕范景文認爲應當發兵支持江北廬州、江浦等地。

　　儘管南京內外城郭爲南京守備守衛的範圍，南京守備官員卻不能以保證內外城池的安全爲最終目標，嘉靖三十四年七月，倭寇進犯南京，逼近外城大安德門，明軍自城上以火銃擊之。倭寇沿外城小安德門、夾岡門往來窺覦，後由鋪崗趨秣陵關而去。此一事件，南京城池並未遭破壞，而南京守備官員由於此前發兵往剿遭受重大損失，被南京科道官參劾，參贊機務南京兵部尚書張時徹被解職。

四、南京守備職掌

　　萬曆《大明會典》卷一百五十八《南京兵部》：「本部尚書，成化二十三年始奉敕諭參贊機務，同內外守備官操練軍馬，撫卹人民，禁戢盜賊，振舉庶務。故其職視五部爲特重云。」〔註80〕「操練軍馬，撫卹人民，禁戢盜賊，振舉庶務」，此言南京守備職掌，實際上包含了所有軍國民政事務。《明實錄》記載的更多：洪熙元年六月辛亥，以即位遣使齎敕諭南京守備襄城伯李隆，「凡事同守備太監鄭和、王景弘計議，晝夜用心，整肅軍伍，嚴固守備，審察機微，以防不虞。戒飭將士，務循禮法，使軍民皆安，以副國家委任之重。」〔註81〕宣德十年春正月辛丑，命戶部尚書黃福參贊南京機務，賜之敕曰：

〔註78〕　〔明〕周世選《衛陽先生集》卷八《倭警告急摘陳吃緊預防事宜疏》，《四庫全書存目叢書》集部 136 冊，625 頁。
〔註79〕　〔明〕范景文《南樞志》卷一百五十八《流寇遁遠宜防議留重兵屯要地疏》，4103～4104 頁。
〔註80〕　《〔萬曆〕大明會典》，《續修四庫全書》791 冊，655 頁。
〔註81〕　《宣宗實錄》卷二，《明實錄》10 冊，31 頁。

「今特命卿參贊襄城伯李隆機務，撫綏兵民，訓練軍馬，凡百庶物，同隆及太監王景弘等計議而行。」〔註82〕景泰元年九月癸丑，敕諭兵部尚書靖遠伯王驥曰：「今特命爾往彼總督機務，與同守備太監袁誠等及豐城侯李賢等同心協力，整飭兵備，嚴督訓練軍馬，固守城池，撫安人民。」〔註83〕從上述敕諭中可看出，南京守備職責涵蓋軍政和民政，包括司法和修造工程。這就需南京六部、都察院、南京五軍都督府及所屬衛所等各機構，以及宦官系統的各監局，密切配合，協調一致，才能完成護守城池，安撫民眾等等軍國大事、民政庶務。這些職責都見於《明實錄》中皇帝對守備官員的敕諭，守備官員的奏疏，以及對其的獎賞和責罰中。

南京守備最重要的職責就是留都安全穩定，與之相關的武裝衝突、重大責任事故等，守備官員均需負責，弘治二年六月庚子，有盜入南京內府甲字庫，因失火延燒錢布等物至數十萬，刑部請論如法，並劾守備太監陳祖生、成國公朱儀、參贊尚書耿裕等各失於防範，最後裁決，守備等官姑宥之，仍諭令今後督察軍馬、城池、錢糧、門禁，加慎毋怠。〔註84〕正德七年劉七等農民軍起事，六月泊於和尚港，去南京僅六十里，官軍無禦之者，兵部請追究南京內外守備之責，得旨姑宥之。南京御史周朝佐等奏守備太監黃偉、魏國公徐俌等官亦有罪。兵部覆議內外守備應予切責。〔註85〕正德八年事平，五月南京給事中葉溥等奉旨查核守備操江及沿江巡守等官功罪，劾奏守備太監黃偉、芮景賢、廖堂，魏國公徐俌，西寧侯宋愷，參贊尚書劉機，「俱宜究治」，得旨「偉等俱宥之」。〔註86〕嘉靖十三年六月南京太廟災，內外守備官俱令戴罪聽勘。〔註87〕嘉靖十三年九月，南京太廟災後處理結果，內守備太監李瓛、外守備永康侯徐源、兵部尚書劉龍等當不測之變為力固難，但係守備官員責亦難辭，並宜量加法治。得旨瓛、源、龍各奪祿俸三月。〔註88〕嘉靖三十四年九月甲辰，南京給事中朱文漢、御史侯東萊各以倭犯京城狀聞參內外守備等官撫寧侯朱岳、太監郭玟及南京兵部尚書張時徹等。詔命張時徹

〔註82〕 《英宗實錄》卷一，《明實錄》13冊，34頁。
〔註83〕 《英宗實錄》卷一百九十六，《明實錄》18冊，4158頁。
〔註84〕 《孝宗實錄》卷二十七，《明實錄》28冊，597～598頁。
〔註85〕 《武宗實錄》卷八十九，《明實錄》35冊，1913頁。
〔註86〕 《武宗實錄》卷一百，《明實錄》35冊，2085頁。
〔註87〕 《世宗實錄》卷一百六十四，《明實錄》42冊，3632頁。
〔註88〕 《世宗實錄》卷一百六十七，《明實錄》42冊，3673頁。

致仕，奪朱岳祿俸二月，郭璵勿問。〔註89〕嘉靖三十六年九月丁丑，以盜越南京城劫上元縣獄，罷撫寧侯朱岳、守備太監郭璵任，回京閒住，奪兵部尚書張鏊俸三月。〔註90〕嘉靖三十九年四月丁酉，因南京振武營叛亂，令外守備徐鵬舉策勵供職，協同守備李庭竹閒住，南京兵部尚書張鏊致仕，內守備何綏降三級徵還。〔註91〕

南京守備另一重要事務即管理軍政，包括軍人供給：正德元年十一月庚辰，此前因參贊機務南京兵部尚書林瀚等會奏南京營操官軍詐病者眾，月糧皆截日扣除，於是南京內守備傅容、外守備成國公朱輔言其不便，謂官軍實患病者宜仍給月糧。〔註92〕挑選軍士：正德六年五月丙子，南京守備太監黃偉、參贊機務兵部尚書柴昇及科道官各一員選南京軍，俱賜之敕。〔註93〕提督馬政：弘治元年十月甲午，命南京守備參贊內外官提督京營馬政。〔註94〕江防事務：嘉靖十年八月丁酉，南京守備魏國公徐鵬舉、太監晏宏等言浙江□口乃京師咽喉，奏請以鎮江衛原坐京操軍士仍舊存留操備，演習水戰，以固江防。朝廷從之。〔註95〕管理營務：嘉靖元年十二月庚寅，南京守備魏國公徐鵬舉等奏：南京大小教場、神機營、新江口、浦子口等處操備官軍，並傳操按伏等項，及把總、守哨、衛總指揮等官，舊規俱聽內外守備節制推委。〔註96〕視察操練：正德九年九月戊寅兵部議覆南京兵部尚書張溱所陳機務，每年內外守備等官會同省操止春秋一次，其餘付之把總，告期里數而已。請每月一再至或旬月連至一營，以較勤惰。〔註97〕管理兵籍：萬曆十一年七月己酉，兵部言：南京官軍原額一十二萬，今見在三萬四千二百有奇。南京內外守備每年奏報本內惟開原額實在之數，未詳營軍消耗之緣合無。〔註98〕管理後勤物資：崇禎十年夏四月庚午朔，命南京守備太監孫象賢、張雲漢同兵部尚書范景文清核兵馬械杖。〔註99〕任免中下級官員：正德八年十一月丁亥，

〔註89〕 《世宗實錄》卷四百二十六，《明實錄》46 冊，7375 頁。

〔註90〕 《世宗實錄》卷四百五十一，《明實錄》47 冊，7663 頁。

〔註91〕 《世宗實錄》卷四百八十三，《明實錄》47 冊，8063 頁。

〔註92〕 《武宗實錄》卷十九，《明實錄》33 冊，560 頁。

〔註93〕 《武宗實錄》卷七十五，《明實錄》35 冊，1658 頁。

〔註94〕 《孝宗實錄》卷十九，《明實錄》28 冊，443 頁。

〔註95〕 《世宗實錄》卷一百二十九，《明實錄》41 冊，3068 頁。

〔註96〕 《世宗實錄》卷二十一，《明實錄》38 冊，618 頁。

〔註97〕 《武宗實錄》卷一百十六，《明實錄》36 冊，2350 頁。

〔註98〕 《神宗實錄》卷一百三十九，《明實錄》54 冊，2600 頁。

〔註99〕 《崇禎實錄》卷十，《明實錄》88 冊，301 頁。

先是南京內外守備官奏：各營操練俱臣等提督，惟缺官坐營，上請簡命，其把總以下臣等得自進退之，此舊例也。〔註100〕管理武器：正統十四年冬十月甲子，南京守備太監袁誠、豐城侯李賢等言：火器軍中利器，乞令每隊給手銃四把，選教師演習。又軍士操練皆自備軍器，內府收貯者一有關支必須奏聞，自後警急可令隨便關給，庶不誤事。朝廷從之。〔註101〕

南京守備職掌守衛陵廟，參與重大祭祀，正統六年，外守備豐城侯李賢、參贊機務兵部右侍郎徐琦上奏孝陵神宮監內臣安招等擅領軍匠伐孝陵柏樹，四月癸酉，敕南京內守備劉寧等與李賢、徐琦將安招等人送南京都察院審問。己卯，敕南京守備豐城侯李賢等曰：「今已敕神宮監太監徐亮等自後孝陵山內凡有枯樹可用者，務須報知爾等及太監劉寧等公同看過，方許照例取用，仍具數以聞。敢有違例擅取用者必罪不恕。」〔註102〕正德七年冬十月甲辰，以修理孝陵及懿文陵殿完，命南京內守備黃偉、外守備魏國公徐俌祭告二陵。〔註103〕萬曆四十三年閏八月丁未，南京奉先殿工完，遣尚書衛承芳、外守備常胤緒、內守備劉朝用恭捧神主並祭告。〔註104〕

監督官員也是南京守備的重要職責，成化十八年十一月戊午，是夜南京國子監火，焚監生號房八十七間。守備內官暨成國公朱儀等各奏其事，因劾掌監事南京太常寺卿劉宣，及典簿巡風諸人罪。有旨宥宣，餘俱逮治之。〔註105〕正德十五年春正月丙申，初南京守備太監劉琅納宸濠重賂，謀為內應，至是南京兵部尚書喬宇及內外守備官復言去惡不盡，恐貽患未已，請明正琅、鎧之罪。乃命執琅、鎧赴錦衣衛禁錮，俟宸濠至日鞫問，鑾亦責令陳狀。〔註106〕嘉靖三年三月癸未，南京內外守備魏國公徐鵬舉等劾奏戶部員外郎李棣過西安門不下馬，詔逮京拷訊，鎮撫司覆奏。朝廷以棣輕慢法度，黜為稷山縣典史。〔註107〕成化二十一年五月丙子，升南京坐營指揮僉事王麟為署都指揮僉事，不為例。以南京守備內外官言其廉勤公正也。〔註108〕

〔註100〕《武宗實錄》卷一百六，《明實錄》35冊，2180頁。
〔註101〕《英宗實錄》卷一百八十四，《明實錄》17冊，3642頁。
〔註102〕《英宗實錄》卷七十八，《明實錄》15冊，1536、1540頁。
〔註103〕《武宗實錄》卷九十三，《明實錄》35冊，1974頁。
〔註104〕《神宗實錄》卷五百三十六，《明實錄》64冊，10153頁。
〔註105〕《憲宗實錄》卷二百三十四，《明實錄》26冊，3985頁。
〔註106〕《武宗實錄》卷一百八十二，《明實錄》37冊，3523～3524頁。
〔註107〕《世宗實錄》卷三十七，《明實錄》39冊，928頁。
〔註108〕《憲宗實錄》卷二百六十六，《明實錄》27冊，4511頁。

　　民政事務也是南京守備的工作重點，如征役：正統元年二月己未，敕南京守備太監王景弘等及襄城伯李隆、參贊機務少保兼戶部尚書黃福曰：朕夙夜惓惓，惟體祖宗愛恤百姓之心。一切造作悉皆停罷，今南京內官紛紛來奏，欲取幼小軍餘及匠夫，指以不敷為名，其實意在私用，俱不准理。〔註109〕管理鈔幣：宣德三年六月庚戌，敕南京守備襄城伯李隆及戶部：今朝廷所出鈔多，以致民間阻滯。新鈔可暫停造，工匠聽其休息。提舉司官吏不動，各處買辦桑穰已起解者，令送京收貯。未解者停止。內府見貯舊鈔甚多，今發去鈔樣，即委內官一員同戶部官、御史給事中各二員，選揀如樣者收貯於庫。凡一應支給俱用此鈔，不堪者悉毀之，已造完新鈔悉收庫，不許放支。其各處解納鈔如舊收受，不許選揀。待入庫後如前例選揀支用。敕南京太監鄭和、王景弘等亦如之。〔註110〕賑災：嘉靖三年二月甲寅戶部言近該南京守備太監秦文、魏國公徐鵬舉、侍郎席書、御史朱衣各疏報災請賑。〔註111〕正德四年三月壬寅，南京戶部議覆南京內外守備等官奏請，以戶兵二部及應天府寄庫皁隸贓罰席竹鹽引等銀七萬一千餘兩，賑濟都民。〔註112〕

　　南京守備的職責還包括提督修造工程，宣德十年春正月甲戌，敕行在工部及南京守備襄城伯李隆、太監王景弘等，南京工部，凡各處採辦買辦一應物料並營造物料悉皆停罷。軍夫工匠人等當放者即皆放回，其差去一應內外官員人等即便回京，不許託故稽遲。其緣河一帶運來木植，悉於所至去處堆垛苫蓋，畢日軍夫放遣寧家，官員回京。〔註113〕嘉靖九年四月戊子，以修理南京太廟，命外守備魏國公徐鵬舉、南京工部尚書何詔祭告，復同內守備呂憲、協同守備南和伯方壽祥提督。〔註114〕嘉靖十年九月辛亥朔，修南京太廟工成，以外守備魏國公徐鵬舉、協同守備永康侯徐源、內守備晏宏、李瓚等督理效勞，賜敕獎勵。〔註115〕嘉靖十七年六月壬戌，孝陵工完，詔賞原任外守備鎮遠侯顧寰，協同守備永康侯徐源，內守備潘鎮、王德、蕭通，參贊機務南京兵部尚書王軏，南京工部尚書蔣瑤。〔註116〕嘉靖三十八年十月己未，

〔註109〕《英宗實錄》卷十四，《明實錄》13 冊，267～268 頁。
〔註110〕《宣宗實錄》卷四十四，《明實錄》11 冊，1095 頁。
〔註111〕《世宗實錄》卷三十六，《明實錄》39 冊，905 頁。
〔註112〕《武宗實錄》卷四十八，《明實錄》34 冊，1086 頁。
〔註113〕《宣宗實錄》卷一百十五，《明實錄》12 冊，2597 頁。
〔註114〕《世宗實錄》卷一百十二，《明實錄》41 冊，2679 頁。
〔註115〕《世宗實錄》卷一百三十，《明實錄》41 冊 3083 頁。
〔註116〕《世宗實錄》卷二百十三，《明實錄》43 冊，4388 頁。

修理孝陵工完，詔賞外守備魏國公徐鵬舉、協同守備臨淮侯李庭竹、內守備
何綬、參贊機務南京兵部尚書張鏊、南京工部尚書潘恩。〔註 117〕

　　受理重大案件，成化十五年十一月壬辰，刑部奏南京監察御史李紀建言
申盜律、定立嗣、息濫訟三事：如南京以守備為重，其詞狀應內外守備官受
理者聽，其戶婚田土鬥毆人命應法司受理者，守備官無得侵越。庶事體歸一，
人易遵守。議上，從之。〔註 118〕嘉靖九年八月庚申，刑部覆南京刑部主事
蕭樟所言三事，一重民命，言凡南京五城兵馬及各衛所所逮罪人，惟機密重
大關係地方者，乃關白內外守備。其爭訟細故，則聽巡城御史付法司案治。
詔從之。〔註 119〕嘉靖四十五年十二月壬子，詔曰：內外守備衙門除盜賊機
密重情拿送法司究問外，其餘人命等項詞訟並不許干預。〔註 120〕萬曆十一
年十月己巳，刑部覆南京兵部尚書王遴奏內一議申明職掌以端正體。言南京
內外守備衙門止為守禦而設，不宜濫受詞訟，侵法司之權。得旨：守備參贊
衙門著遵前旨各照職掌行事，一應瑣細詞訟，不必干預。〔註 121〕

　　監管重要物資，正統七年春正月甲申，敕南京外守備豐城侯李賢、參
贊機務南京兵部右侍郎徐琦，會同內守備劉寧等於南京倉庫關支鈔八萬四
百貫，絹一百五十八疋，布四百五十八疋，調撥馬船運去，賞賜雲南都司
等處征剿叛寇獲功官軍。〔註 122〕正統十年六月甲子，敕南京外守備豐城侯
李賢，參贊機務兵部右侍郎徐琦及南京戶部，會內守備劉寧等於南京該庫領
絹六百二十五匹，關白綿布三萬八千六百四十一匹，給賞征進麓川有功官
軍。〔註 123〕景泰三年閏九月甲申，敕南京守備太監袁誠、兵部尚書徐琦即
於南京該庫支鈔一百六十一萬四千五百貫，絹五千三百八十四匹，布四千九百
三十四匹，差官運赴福建、浙江、江西，給賞先次征進有功官軍民快。〔註 124〕
景泰四年二月敕南京守備太監袁誠，兵部尚書徐琦於內庫支鈔三百四萬七千
貫，絹一萬二百三十四疋，布九千七百六十二疋，交付差去官員前去廣東，

〔註 117〕《世宗實錄》卷四百七十七，《明實錄》47 冊，7987 頁。
〔註 118〕《憲宗實錄》卷一百九十七，《明實錄》26 冊，3463～3464 頁。
〔註 119〕《世宗實錄》卷一百十六，《明實錄》41 冊，2745 頁。
〔註 120〕《穆宗實錄》卷一，《明實錄》49 冊，16 頁。
〔註 121〕《神宗實錄》卷一百四十二，《明實錄》54 冊，2652 頁。
〔註 122〕《英宗實錄》卷八十八，《明實錄》15 冊，1771 頁。
〔註 123〕《英宗實錄》卷一百三十，《明實錄》16 冊，2593 頁。
〔註 124〕《英宗實錄》卷二百二十一，《明實錄》19 冊，4792 頁。

賞殺賊有功官軍。〔註125〕

　　負責宗室供給等事宜，宣德四年二月乙未，命內官楊禮移郳靖王宮眷居南京舊內，敕太監王景弘等：凡歲時朝暮衣服飲食百需皆內府依期給之，仍時遣人省視，不許怠慢。〔註126〕景泰五年五月戊午敕南京守備太監袁誠、陳公、周禮、保安，寧遠伯任禮，參贊機務尚書張純：今遣長隨王顯送穀庶人眷屬七人、齊庶人並眷屬六人，俱於南京安置。已令有司月支食米柴炭養贍，至日爾等量撥城內閒便房屋二所與居。其庶人並妹侄女許令婚嫁，老婦止令隨住，除係庶人婚配親戚許相往來，其餘人不許交通。若有買賣衣服飲食等物適市者，亦不許生事攪人。爾等時常訪察，毋致違誤。〔註127〕弘治元年三月戊寅，「賜故齊庶人賢烶子三人、孫二人名，並給其子女婚嫁之資，仍增給宅舍以居之。以南京守備太監等官言賢烶妻蘇氏寡居已久，子女俱過時未婚嫁，又原賜房舍狹隘故也。」〔註128〕

　　南京守備制度儘管比較穩定，也經歷變化，守備官員的設立受政局影響，如天順元年英宗復辟後，撤換大批高級官員，南京也不例外，六部官員全部解職，此後五年，南京參贊機務革置，後復設。協同守備設立之始，對其不夠重視，前兩任為都督級別的官員，後始定制為勳臣。南京守備的管轄地域也歷經變化，初期有權管轄南京以外各府縣安全事務，其後任官員則無此權，這是因為守備制度初期，南京又改為首都，南京守備官員地位較高，宣宗朝對南京及其周邊地區的安全較重視。各類守備官員的權力大小也有變化，首任外守備李隆在南京守備官員中地位最高，權力最大，後世外守備則無此影響，多備位而已，這除了李隆本身能力強，聲望高外，明初武臣的地位亦較高，在政局中發揮的作用也較大。南京守備制度亦可視為明代政治制度的縮影。

〔註125〕《英宗實錄》卷二百二十六，《明實錄》19冊，4941頁。
〔註126〕《宣宗實錄》卷五十一，《明實錄》11冊，1223～1224頁。
〔註127〕《英宗實錄》卷二百四十一，《明實錄》19冊，5246頁。
〔註128〕《孝宗實錄》卷十二，《明實錄》28冊，280頁。

第二章　內守備

　　南京內守備由內臣出任，通常又稱南京守備太監，與勳臣擔任的外守備、協同守備，文臣擔任的參贊機務共同負責南京安全。與外臣文武相比，南京內守備職掌更廣泛，外臣掌管的軍國大事，內守備亦有權參與，而南京內府各監局則由其主管。由於得到皇帝的信任和支持，內臣常常凌駕於外臣之上，實際成為第三股勢力，這是明代特殊的政治制度，南京亦不例外，內守備在維護南京安全穩定方面亦發揮重要作用。

一、內守備的官銜、人數、資歷

　　與外守備、協同守備和參贊機務相比，明代史書中對南京內守備缺乏系統的記載，只有一些零星事蹟的記錄。明代史書對整個宦官制度的記載也很少，萬曆《大明會典》就不載內臣系統職掌。劉若愚的《酌中志》、呂毖《明宮史》、王世貞的《弇山堂別集》是記載明代宦官制度較詳細的三部明代史籍，其中南京內守備的相關資料也較少。《酌中志》卷十六《內府衙門識掌》：「司禮監外差：南京正副守備太監二員，關防一顆，其文曰：南京守備太監關防。護衛留都，爲三千里外親臣。轄南京內府二十四衙門、孝陵神宮監官。奏進神帛、鰣魚、苗薑等鮮。各衙門印文，比北京多南京二字。」〔註1〕《明宮史》卷二《內府職掌》與《酌中志》略有不同，「關防一顆，其文曰：南京守備內官關防。」〔註2〕

　　張廷玉《明史》卷七四《職官三》宦官部分承《酌中志》而有所簡省，

〔註1〕〔明〕劉若愚《酌中志》，《明代筆記小說大觀》，2991 頁，上海古籍出版社 2005 年。
〔註2〕〔明〕呂毖《明宮史》，《景印文淵閣四庫全書》651 冊，622 頁。

有關南京內守備也如此：「南京守備。正、副守備太監各一員。關防一顆，護衛留都，爲司禮監外差。」〔註3〕

萬曆中期意大利傳教士利瑪竇至南京，與南京高級官員多有交往，其札記對內守備也有記載：「第三個人是一個幾乎擁有無限權力的人，他就是皇宮的太監總管，他管理京城內的幾千名太監。他還管理著京城各城門收稅，並和剛才提到的那位將軍（外守備豐城侯李環）一起安排各種軍事操閱。這個人還兼有各種職務，他總是大肆耀武揚威，顯示自己的權力。」他要利瑪竇稱其千歲。〔註4〕

明人小說中也提到過南京守備太監，也從側面反映了其在當時的顯赫地位。如《古今小說》第二十八卷《李秀卿義結黃貞女》就云：「時守備太監正有權勢，誰敢不依？」書中的這位李太監樂於助人，成就一段姻緣：「李公就認秀卿爲侄，大出資財，替善聰備辦妝奩。又對合城官府說了，五府六部及府尹縣官，各有所助。一來看李公面上，二來都道是一椿奇事，人人要玉成其美。」從小說中也可見出時人對南京守備太監的印象。〔註5〕

劉若愚爲萬曆、天啓間宦官，《酌中志》所記都爲當時制度，而明代歷時二百七十六年，即南京內守備也有二百二十年歷史，其中的沿革嬗替，非寥寥數語所能概括，如《酌中志》言南京內守備爲「司禮監外差。南京正副守備太監二員」，歷史記載不盡如此，應該是南京內守備多數爲司禮監太監，也有相當數量內守備來自其他監局，《武宗實錄》正德元年六月己酉朔，「太監陳寬傳旨令御用監太監劉雲南京守備。」〔註6〕《武宗實錄》正德元年十月戊午，「太監李榮傳旨命內官監太監楊森守備天壽山，余俊守備南京。」〔註7〕《武宗實錄》正德二年閏正月壬子，「太監李榮傳旨南京守備內官監太監鄭強改司禮監太監，掌印並守備關防，內官監太監劉琅、彭恕同強守備。」〔註8〕《武宗實錄》正德七年閏五月己卯，「傳旨以御馬監太監崔安守備南京。」〔註9〕《武宗實錄》正德十二年十一月丁丑，傳旨，以南京內官監太監劉璟

〔註3〕 〔清〕張廷玉等《明史》，1822頁。

〔註4〕 （意）利瑪竇著，何高濟等譯《利瑪竇中國札記》第四卷第六章《南京的領袖人物們交結利瑪竇神父》，中華書局1983年，下冊357頁。

〔註5〕 〔明〕馮夢龍《馮夢龍全集》第1冊，424頁，鳳凰出版社2007年。。

〔註6〕 《武宗實錄》卷十四，《明實錄》33冊，417頁。

〔註7〕 《武宗實錄》卷十八，《明實錄》33冊，544頁。

〔註8〕 《武宗實錄》卷二十二，《明實錄》33冊，616頁。

〔註9〕 《武宗實錄》卷八十八，《明實錄》35冊，1881頁。

守備南京。〔註 10〕《武宗實錄》正德十四年二月己卯，傳旨，南京守備內官監太監劉璟鎭守河南。〔註 11〕《世宗實錄》嘉靖三年五月甲戌，守備南京內官監太監王堂，請撥孝陵等衛軍三十名看守房屋。〔註 12〕明張邦奇《張文定公靡悔軒集》卷六還有《明故南京守備內官監太監呂公墓誌銘》（呂憲，嘉靖）〔註 13〕。周裕興《由南京地區出土墓誌看明代宦官制度》所載《南京守備內官監太監羅公墓誌銘》（羅智，宣德、正統）、《明故南京守備內官監太監余公墓誌銘》（余俊，正德）。〔註 14〕以上內守備都非司禮監太監。還有原非司禮監太監，而是來自其他監局，任命爲內守備後，改任司禮監太監的，《熹宗實錄》天啓五年十二月戊寅，「調司禮監管文書內官監太監楊國瑞爲南京司禮監太監，與劉敬協同守備。」楊國瑞原爲內官監太監。周裕興《由南京地區出土墓誌看明代宦官制度》所載《明故南京守備司禮等監太監潘公墓誌銘》（潘眞）：「（嘉靖）甲午命守備南京，改掌內官監，尋改掌司禮監，守備如故。」〔註 15〕此潘眞原爲御馬監太監，任命爲內守備改內官監，後改司禮監。

除司禮監太監以外，南京內守備多來自權力僅次於司禮監的內官監，其次爲權力較大的御馬監、御用監。

南京外守備、協同守備和參贊機務都是由一人任職，唯獨內守備由數人擔任，《酌中志》所言正副太監各一員，實際常不止二人，《明實錄》有記載的如《英宗實錄》正統六年夏四月癸酉，「敕南京守備太監劉寧、羅智、唐觀、袁誠。」〔註 16〕《英宗實錄》景泰五年五月戊午，「敕南京守備太監袁誠、陳公、周禮、保安。」〔註 17〕《武宗實錄》正德元年秋七月癸未，戶科都給事中張文等以災異應詔陳言五事，其中有「余慶、黃准、黃忠、劉雲同守南京。」〔註 18〕《武宗實錄》正德二年閏正月壬子，「太監李榮傳旨，南京守備內官監太監鄭强改司禮監太監掌印並守備關防，內官監太監劉琅、彭

〔註 10〕　《武宗實錄》卷一百五十五，《明實錄》37 冊，2977 頁。
〔註 11〕　《武宗實錄》卷一百七十一，《明實錄》37 冊，3295 頁。
〔註 12〕　《世宗實錄》卷三十九，《明實錄》39 冊，990 頁。
〔註 13〕　〔明〕張邦奇《張文定公靡悔軒集》，《續修四庫全書》1337 冊，38 頁。
〔註 14〕　朱誠如、王天有《明清論叢》第一輯，紫禁城出版社 1999 年。135 頁、138 頁。
〔註 15〕　朱誠如、王天有《明清論叢》第一輯，138 頁。
〔註 16〕　《英宗實錄》卷七十八，《明實錄》15 冊，1536 頁。
〔註 17〕　《英宗實錄》卷二百四十一，《明實錄》19 冊，5246 頁。
〔註 18〕　《武宗實錄》卷十五，《明實錄》33 冊，450 頁。

恕同強守備。」〔註19〕《武宗實錄》正德八年五月庚寅，南京給事中葉溥等奉旨查核守備操江及沿江巡守等官功罪，劾奏守備太監黃偉、芮景賢、廖堂。〔註20〕《世宗實錄》嘉靖四年閏十二月己未，「初，有旨添設南京守備太監卜春，南京御史王獻等以爲冗濫疏請停革，兵部覆議，南京守備已增至三員。」〔註21〕《世宗實錄》嘉靖八年五月己未，「兵科糾劾南京守備太監卜春、王堂各奸利不法事　上納其言詔春、堂革任閒住，以太監賴義、呂憲、李瓚往代之。」〔註22〕

內守備最多時增至七人，《武宗實錄》正德六年六月丁酉，「南京兵部尚書柴昇等會奏：守備內臣舊設不過一二員，近增至六七。」〔註23〕

南京內守備官銜多爲太監，即宦官系統級別最高官員，正四品，其下爲左、右少監，從四品，左、右監丞，正五品，內守備亦偶有少監、監丞擔任，如《世宗實錄》嘉靖二十六年六月庚寅，「南京守備司禮監左少監丘得。」〔註24〕《國榷》萬曆二年十二月壬寅，南京戶科給事中趙參魯論南京守備少監張進。〔註25〕此外嘉靖間參贊機務南京兵部尚書李遂《李襄敏公奏議》載嘉靖四十年內守備司禮監左監丞張奉、李仲。〔註26〕萬曆間參贊機務南京兵部尚書周世選《衛陽先生集》又載萬曆中期南京內守備司禮監太監邢隆、左監丞劉朝用。〔註27〕

見於《明實錄》等記載，擔任南京內守備時間較長的有羅智22年（宣德元年至正統十三年），袁誠18年（正統二年至景泰六年），劉朝用16年（萬曆二十七年至萬曆四十三年），安寧15年（成化四年至成化十九年），劉琅12年（正德二年至正德十四年）。

兩任南京內守備的有王景弘（王貴通）永樂二十二年首任，宣德五年與

〔註19〕《武宗實錄》卷二十二，《明實錄》33冊，616頁。
〔註20〕《武宗實錄》卷一百，《明實錄》35冊，2085頁。
〔註21〕《世宗實錄》卷五十九，《明實錄》39冊，1397頁。
〔註22〕《世宗實錄》卷一百一，《明實錄》41冊，2395頁。
〔註23〕《武宗實錄》卷七十六，《明實錄》35冊，1671頁。
〔註24〕《世宗實錄》卷三百二十四，《明實錄》45冊，6003頁。
〔註25〕〔清〕談遷《國榷》卷六十九，中華書局1988年，4257頁。
〔註26〕〔明〕李遂《李襄敏公奏議》卷十二《緝獲妖人以安重地疏》（嘉靖四十年），《四庫全書存目叢書》史部61冊，193頁。
〔註27〕〔明〕周世選《衛陽先生集》卷八《倭警告急摘陳吃緊預防事宜疏》，《四庫全書存目叢書》集部136冊，624頁。

鄭和第七次下西洋。宣德九年又記載任南京守備太監，至正統元年。丘得，正德五年為南京司禮監太監初任守備，任職時間不詳，十二年作為御馬監太監守備鳳陽，至十五年。十六年任江西鎮守太監，世宗即位被逮問。嘉靖二十三年又任南京內守備，嘉靖二十六年得罪充淨軍。崔安，正德七年閏五月以御馬監太監守備南京，同年七月南京御史彈劾，得旨召還。正德十二年再守備南京。此外還有兄弟二人先後擔任南京內守備的，廖堂（正德六年至八年）、廖鑾（正德十六年）。

南京內守備有來自北京各監的。《神宗實錄》萬曆十四年七月癸卯，「諭兵部：南京守備司禮監太監田義著掌管關防並本監印信，司禮監太監高祿調南京司禮監太監僉押管事，一同南京守備。」〔註28〕《崇禎長編》崇禎元年五月甲戌，「又以司禮監管文書內官監太監李秀學為司禮監太監守備南京，掌管關防兼本印信。」〔註29〕《崇禎長編》崇禎元年八月癸丑，「司禮監太監胡承詔調南京司禮監太監協同守備。」〔註30〕《崇禎實錄》崇禎十六年八月辛未「以司禮太監王承恩督察京營戎政，韓贊周守備南京。」〔註31〕

來自外地鎮守太監。《武宗實錄》正德十二年二月庚戌「太監張雄傳旨福建鎮守太監崔安令守備南京。」〔註32〕明嚴嵩《南京守備晏公墓誌銘》載晏宏由陝西鎮守太監改任。〔註33〕明張邦奇《明故南京守備內官監太監呂公墓誌銘》載呂憲由河南鎮守太監改任。〔註34〕

南京各監太監升任。《武宗實錄》正德五年三月壬戌，「太監劉瑾傳旨：南京司禮監太監丘得同太監黃偉等守備。」〔註35〕《武宗實錄》正德十二年十一月丁丑，傳旨，以南京內官監太監劉璟守備南京。〔註36〕《崇禎長編》天啟七年冬十月辛酉，「南京孝陵神宮監太監王應朝為南京司禮監太監，與梁進協同守備，兼掌內官監印。」〔註37〕

又有閒住、養病太監。《憲宗實錄》成化十八年六月丙午「太監懷恩傳奉

〔註28〕《神宗實錄》卷一百七十六，《明實錄》55 冊，3238～3239 頁。

〔註29〕《崇禎長編》卷九，《鈔本明實錄》，線裝書局 2005 年。25 冊，461 頁。

〔註30〕《崇禎長編》卷十二，《鈔本明實錄》25 冊，512 頁。

〔註31〕《崇禎實錄》卷十六，《明實錄》88 冊，486 頁。

〔註32〕《武宗實錄》卷一百四十六，《明實錄》36 冊，2850 頁。

〔註33〕〔明〕嚴嵩《鈐山堂集》卷三十，《續修四庫全書》1336 冊，258 頁。

〔註34〕〔明〕張邦奇《張文定公靡悔軒集》卷六，《續修四庫全書》1337 冊，38 頁。

〔註35〕《武宗實錄》卷六十一，《明實錄》34 冊，1336 頁。

〔註36〕《武宗實錄》卷一百五十五，《明實錄》37 冊，2977 頁。

〔註37〕《崇禎長編》卷二，《鈔本明實錄》25 冊，355 頁。

聖旨，南京閒住太監錢能同安寧等守備。」〔註38〕《崇禎長編》卷三天啓七年十一月己巳，「以外私家閒住太監金忠調南京司禮監太監與王應乾協同守備。」〔註39〕周裕興《由南京地區出土墓誌看明代宦官制度》所載《明故南京守備司禮等監太監潘公墓誌銘》：「嘉靖辛卯召還京，中途以疾告，得旨就南京調治，甲午命守備南京。」〔註40〕

二、部分內守備生平資料

南京內守備權力與公侯伯、尚書相當，但是其生卒情況文獻卻很少記載。《明實錄》重要的文武官員如南京外守備、協同守備、參贊機務卒後多有記載，記其賜祭葬、給諡號等，有小傳敘其生平，守備太監卻無記載。張廷玉《明史》卷三百四、三百五宦官列傳中南京守備太監有傳的有鄭和、錢能、蔣琮、張彝憲。此外，張宏事蹟附於張鯨。鄭和傳主要敘其下西洋事蹟，守備南京事只有：「洪熙元年二月，仁宗命和以下番諸軍守備南京。南京設守備，自和始也。」〔註41〕錢能傳敘其鎮守雲南之恣縱橫暴事，守備南京只有：「召歸，安置南京。復夤緣得南京守備。時（王）恕爲南京參贊尚書，能心憚恕不敢肆。久之卒。」〔註42〕張彝憲傳只有「又明年（崇禎九年），命彝憲守備南京，尋死。」〔註43〕只有蔣琮傳載守備南京事稍詳，亦主要爲與南京言官相訟之事。

南京內守備的墓誌資料目前搜集到的有周裕興《由南京地區出土墓誌看明代宦官制度》中記載的羅智（鄭雍言《南京守備內官監太監羅公墓誌銘》）、懷忠（吳節《欽差南京守備司禮監太監懷公墓誌銘》）、余俊（黃珂《明故南京守備內官監太監余公墓誌銘》）、潘眞（張邦奇《明故南京守備司禮監太監潘公墓誌銘》）〔註44〕，明羅玘《圭峰集》中記載的傅容（卷十三《故南京守備司禮監太監傅公墓道碑》、卷十六《故南京守備司禮監太監傅公墓誌銘》）〔註45〕，明張邦奇《張文定公靡悔軒集》中記載的呂憲（卷六《明故南京

〔註38〕《憲宗實錄》卷二百二十八，《明實錄》26 冊，3905 頁。

〔註39〕《崇禎長編》卷三，《鈔本明實錄》25 冊，360 頁。

〔註40〕朱誠如、王天有《明清論叢》第一輯，138 頁。

〔註41〕〔清〕張廷玉《明史》7767～7768 頁。

〔註42〕〔清〕張廷玉《明史》，7782 頁。

〔註43〕〔清〕張廷玉《明史》，7828 頁。

〔註44〕朱誠如、王天有《明清論叢》第一輯，135、136、138、138 頁。

〔註45〕〔明〕羅玘《圭峰集》，《景印文淵閣四庫全書》1259 冊，178 頁、222 頁。

守備內官監太監呂公墓誌銘》）〔註46〕，明嚴嵩《鈐山堂集》中記載的晏宏（卷三十《南京守備晏公墓誌銘》）〔註47〕。上述墓誌對幾位守備太監的生平做了較完整的記載。以上幾位南京守備太監都是終於任上，又有曾任南京內守備，後調任北京或外地，卒於北京的，如《新中國出土墓誌‧北京〔壹〕》中收錄的劉璟（李瓚《明故前內官監太監湛庵劉公墓誌銘》）、芮景賢（顧鼎臣《明故御馬監太監總督東廠官校辦事欽改司禮監太監直庵芮公墓誌銘》）〔註48〕，明焦竑《國朝獻徵錄》收錄的張宏（王家屏《司禮監太監張公宏墓表》）〔註49〕，以上總共十位南京內守備的墓誌，以出生年代爲序加以簡單概括：

羅智，洪武八年（1375）生，正統十三年（1448）卒。祖籍廣西遷江縣，父名秀，母李氏。11歲選入內庭，攻習書史，道經釋典，靡不博覽。20歲擢寶藏承運庫大使。永樂十四年掌內官監事。洪熙元年升內官監太監，欽賜龍山田地十六頃，免其稅糧。宣德元年任南京守備，機務庶政，無不畢舉，尤精於造作，陵廟殿宇，堅完壯麗。正統元年敕書褒其忠勤，賜白金一百兩，彩段四表裏。守備二十餘年，軍民安堵，京師帖然。於南京城南安德鄉購買一處墓地，旁建梵刹，皇帝賜額曰靜明寺，又降護敕一道、佛經一藏。宣德間在烏龍潭附近建一所道觀，宣宗賜額曰靈應觀。又在洞神宮塑梓潼眞君像並建祠立碑。子三人，喜、銘、祥。

懷忠，字秉直。生於洪武三十一年（1398），天順七年（1463）卒。世爲交南大姓。永樂初入內庭，宣德中奉旨簡拔，命從翰林講習。正統初授奉御。正統十四年鎮守山西。未幾回朝，擢內織染局副使。天順元年升司禮監左少監，尋升太監。天順三年冬奉敕南京守備，綜理內外政務，訓練軍民，護守城池，文武服其公，軍民被其澤。曾命重新製作太學孔子牌位。天妃宮舊毀於火，疏請於朝重建，自己捐資修建，又在兩京官員中募捐。卒後英宗遣官諭祭，賜寶鈔十千貫，復命所司造墳於江寧縣龍山之陽。

傅容，字體仁，號松庵。生於正統二年（1437），正德六年（1511）卒。祖籍廣東順德縣，祖名義悌，父名道達，母何氏。幼選入內書館，英宗擢奉

〔註46〕〔明〕張邦奇《張文定公靡悔軒集》，《續修四庫全書》1337冊，38頁。

〔註47〕〔明〕嚴嵩《鈐山堂集》卷三十，《續修四庫全書》1336冊，258頁。

〔註48〕中國文物研究所等編《新中國出土墓誌‧北京〔壹〕》（下冊）文物出版社2003年。207、210頁。

〔註49〕〔明〕焦竑《國朝獻徵錄》卷一百十七，《續修四庫全書》531冊，601頁。

御,掌文書。憲宗嗣擢紀事奉御,教書宮禁,擢局郎,侍春宮。孝宗弘治初進司禮監太監,賜蟒衣玉帶祿米。監督茂陵畢,又督英宗懿妃墳園,繼為永康大長公主選婚,褒賚有加,欽遣有司祭公考妣。命守備南京,遇事大以驛聞,小以意制。欽敕審獄,守臣、部院官員咸視其色可否,有疑積滯者,傾耳群議,毀校脫梏,咸厭眾心。在城南建別墅,依山建祠寺,正德帝賜額,祠曰昭功,寺曰永寧。以疾請休,許之。卒後詔遣官三祭,賜寶鏹。葬昭功祠之陰,永寧寺之右。從子豪入粟為郎,傑千戶。

余俊,字世偉,號竹居道人。生於天順二年(1458),正德十一年(1516)卒。祖籍四川夔州府。成化年間,其父遷居湖廣鄖陽,未幾父母俱卒,其時年幼,入內庭,肆力書史。累官至尚衣監太監。憲宗崩,職司香。弘治六年,入選東宮,侍奉太子。弘治十八年武宗登基,遷御馬監左少監,尋進太監,賜蟒衣玉帶,掌乾清宮。正德元年改內官監太監,是年冬任南京守備。在任十年,勤於公事,大政與諸官共議,必當於理。又掌兵器局,嚴於管理,兵器質量優於他處。正德十一年在南京安德鄉擇地,請立祠寺於朝,武宗賜額,祠曰彰勤,寺曰祝禧。卒後葬於安德鄉。

呂憲,字大章,號怡齋。生於天順二年(1458),嘉靖十年(1531)卒。祖籍山東陽信縣,曾祖名弘德,祖名思英,父名邑,母史氏、宋氏。前母兄謙先卒,母弟鉞,前錦衣衛副千戶。成化十三年入內庭,正德四年由內官監出典福建市舶。由福建市舶徙主太嶽太和山兼分守地方,嘗治橋掘地得白金數十鎰,絲毫不自私而以賑饑佐公費。嘉靖初鎮守河南,釐戢暴橫,務底寧謐,整修城垣譙樓,復捐己資修道途,以擒賊功降敕獎勵,有體國愛民不負委託之語,仍歲加祿米十二石。在汴八年以足疾乞休者三,而撫巡相繼保留至於六七。嘉靖八年又辭始獲允。復命守備留都,懇辭不許,遂力疾受命。至則罷私門之役,禮縉紳,剔奸蠹,戢臺隸,都人感悅。嘉靖十年,疾篤卒。歷官所至,必延師以誨其從子若孫,族人有流亡者招集資給之,振窮周急惟恐或後。舊例宦官無塋於鄉者,呂憲嘗於辭疾疏內請之,卒後,鉞復以請,嘉靖帝允之,賜祭塋。墓在長壽鄉祖塋之右。

劉璟,字世明,號湛庵。生於天順三年(1459),卒於嘉靖十年(1531)。祖籍保定清苑,祖名清,父名賢,業農。成化十八年選入內庭,二十二年選侍東宮,二十三年升長隨,乾清宮辦事,弘治改元升奉御,歷八年,累官至內官監太監,監督京倉。正德元年,出鎮浙江,事無鉅細,皆自治理,剿平

孝豐蠻賊，卻退江西劇賊，諫止開礦。九年總鎮兩廣，逾年守備南京，樂與士大夫遊，多蓄古今字畫。十四年調河南鎮守，十六年謫歸私第。嘉靖十年秋病卒。侄男三熙、熏、然。葬西直門外冉家莊。

晏宏，字約之，號束齋（載於清丁丙《善本書室藏書志》卷七《資治通鑒綱目集說》條下），生於天順七年（1463），嘉靖十三年（1534）卒於位。其先楚人。幼入內庭，侍孝宗皇帝於春宮，弘治初升至太監，賜蟒衣玉帶，內府乘馬。雅善書法，孝宗特賜端硯以寵異之。敕督京通倉儲，搜革積弊，人目爲晏御史。孝宗崩，奏乞司香泰陵，居三年遂乞養疾，家居十三年。嘉靖初命鎮守陝西，至鎮興墜補弊，不遺餘力，仿古義倉意置餘廩以贍貧乏，尤重文教，崇飭先聖及武成之廟，增補《通鑒綱目》小學諸書刻梓以傳。治績超美，天子賜敕嘉獎，擢南京守備太監，一鎮以靜。數以老疾求代，溫詔慰留，旋召入典東廠，已疾篤。卒後世宗賜諭祭，詔有司給驛歸公之喪，塋都城章華村。其孫名英。晏宏性恬約，被服儒素，非賓會食不重味，一室蕭然，圖史外無他玩好，歿之日，幾不能殮衾。

芮景賢，字尙德，號直庵。生於成化二年（1466），卒於嘉靖十二年（1533）。祖籍眞定府武邑縣，遠祖實、曾祖廷傑、祖得海、父銘，俱不仕，母李氏。兄一人。名珊。成化十八年選入內庭，二十一年受業內書館。弘治中選侍東宮，歷升長隨、奉御、惜薪司左司副，乾清宮近侍官，未幾擢內官監太監。正德元年，提督惜薪司外四廠，三年署司事，旋調內織染局僉書，奉敕提督蘇、杭織造。五年遷南京司禮監太監，充內守備。十六年嘉靖即位召回京，改御馬監太監，總督東廠。嘉靖六年，兼掌惜薪司事。卒後降恩旨，改司禮監太監。賜諭祭三壇，寶鈔、白米、油、香、燭等若干。工部作棺造墳。葬香山鄉冉家莊。養子盧，蔭錦衣衛冠帶總旗。爲人敦樸自持，淡然無所好。

潘眞，字誠（《張文定公靡悔軒集》卷六潘眞墓誌銘作字克誠），別號實庵。生於成化二年（1466），嘉靖二十二年（1543）卒。祖籍湖廣會同縣。父名全輔，母宋氏（《張文定公靡悔軒集》卷六潘眞墓誌銘作母朱氏）。幼年選入掖廷，侍奉憲宗，給事乾清宮。弘治年間升太監，掌管御馬監。正德元年又署理丙字庫。正德三年奉敕監督臨清倉儲。正德十三年奉敕提督太岳太和山，兼分守荊湖陝洛三邊地方。嘉靖三年鎮守湖南，弭盜賑饑，督修顯陵。嘉靖十年召還京中，以疾告，得旨就南京調治。嘉靖十三年命守備南京，改

掌內官監，尋改掌司禮監。事存大體，不屑爲苟細，不取一毫於分之外。九載之間都塵靖謐，關河晏清。從子永福、永壽、永康、永寧。從孫子卿、子相、子隆、子興、子臣、子俊。葬於安德鄉許家山之陽。

　　張宏，字德夫，別號容齋。生卒不詳。廣東新寧人。嘉靖時以少年穎敏，簡乾清宮近侍，數歲中累遷至司設監太監，僉押管事，賜蟒衣，又賜羅蟒玉帶，特命內府得乘騎出入。調內官監太監，扈駕幸承天。命爲乾清宮牌子隨朝捧劍。掌銀作局印，復賜金彩斗牛衣。又掌惜薪司局印。當扈駕時，會衛輝行宮火，以身擁駕出烈焰中。其司惜薪也，禁奸塞竇，省不經之費鉅萬。命乾清宮管事，賜金寶帶環各一方。隆慶初任南京守備太監，鎮靜無擾，獨時時從學士大夫遊，揮塵譚古今，意蕭如。萬曆踐祚，召入司禮監秉筆，賜坐蟒。仍令內府得坐杌杌，皇太后手輯女訓教六宮，則簡其督教事。尋掌內官監印。五年春奉皇太后爲萬曆帝選后，益眷任，帝親書文雅端滇四字賜之，給祿米百石，自是內政專倚。又督陵寢工程，未幾以寢疾疏歸政，再入乃許，命月給廩三十石與隸三十人，並其名下二十八人以從。爲人踽踽廉謹，澹泊無他嗜，雅嗜書，公務之暇，手不停披，能通諸史言，尤明習法令。卒後諭祭九壇，賜寶鈔齋糧銀幣甚厚，敕所司給木營兆，造享堂碑亭祠祀之，賜額曰旌忠。后妃等各賜銀幣有差。其姪孫爲錦衣指揮使者一，爲錦衣正千戶者一，爲錦衣百戶者三。

　　從以上幾位內守備的生平記載中可看出幾個特點：在內庭接受過良好的教育，嫻習書史，文化水平超出一般宦官，如羅智、懷忠、傅容、余俊、芮景賢。選入乾清宮、東宮，侍奉皇帝、太子，深受皇帝信任，如傅容、余俊、劉璟、晏宏、芮景賢、潘眞、張宏。上述幾位內守備都經過內庭各級機構管事歷練。在任南京內守備前爲內府各機構太監，或曾任各省鎮守太監。羅智內官監太監，懷忠司禮監太監，傅容司禮監太監，余俊御馬監太監、內官監太監，呂憲鎮守河南太監，劉璟內官監太監、監督京倉太監、鎮守浙江太監、總鎮兩廣太監，晏宏提督京通倉儲太監、鎮守陝西太監，芮景賢內官監太監、提督蘇杭織造太監，潘眞御馬監太監、鎮守湖廣太監，張宏司設監太監、內官監太監。任職時間有記載的有 7 人：羅智 22 年，宣德元年（1426）至正統十三年（1448），也是南京內守備中守備南京時間最長的一位。懷忠 4 年，天順三年（1459）至天順七年（1463）。余俊 10 年，正德元年（1506）至正德十一年（1516）。呂憲 2 年，嘉靖八年（1529）至嘉靖十年（1531）。劉璟 2

年，正德十二年（1517）（據《武宗實錄》卷一百五十五）至正德十四年（1519）。芮景賢 11 年，正德五年（1510）至正德十六年（1521）。潘眞 9 年，嘉靖十三年（1534）嘉靖二十二年（1543）。出任內守備時的年齡，有記載的只有 7 人，從低到高依次是芮景賢 44 歲，余俊 48 歲，羅智 51 歲、劉璟 56 歲、懷忠 61 歲、潘眞 68 歲、呂憲 71 歲，平均年齡爲 57 歲。在南京內守備任上，有的勤於政務、百事畢舉，如羅智、懷忠、余俊，有的恪守法度、懲惡揚善，如傅容、呂憲，有的事存大體、一鎭以靜，如晏宏、潘眞、張宏，都忠實地貫徹了明廷對內守備的要求，維持了留都南京的安定。從以上幾位內守備生平可看出，南京內守備在人員選擇具有很高的要求，無論是與皇帝的個人關係、官場資歷，還是自身的文化素質、任職經驗，都爲宦官系統中綜合素質較高的。

　　墓誌大都隱惡揚善，對逝者的生平記述未必眞實客觀，《明實錄》的記載可補墓誌不足，更全面瞭解上述內守備。如羅智，正統二年冬十月戊辰，「監察御史李在修等劾奏南京守備太監羅智等縱奴殺人及販買簿筏，恃強入關不稅，上令智等具實自明，既而伏辜。遂皆宥之。」〔註50〕潘眞，嘉靖十年七月戊午，「南宮縣巨賊樊仕勇、朱瀚變易姓名投入鎭守太監潘眞府第爲僮僕，與眞從人馬驥等結爲黨與，糾集亡命數十人，出沒沿江一帶大肆剽掠。上命各官嚴限擒剿，潘眞待回京之日法司具奏處治。」〔註51〕羅智、潘眞雖然也有縱奴殺人的嚴重過錯，但都終於任上，也未見其他大惡。內守備墓誌與《明實錄》記載差異較大的是劉璟，正德十五年正月宸濠之亂平定後，傳旨執太監劉璟等送錦衣獄，原因是與寧王宸濠交通，有參與謀反之嫌，正德十五年春正月戊午，「璟初鎭浙江，貪利亡厭，賂錢寧改兩廣總鎭，及還，又賂寧得再鎭河南，過江西特受濠饋，遂與通。」〔註52〕最後判決劉璟僅革職，大概與寧王之亂牽涉不深，其任鎭守內臣時貪利亡厭當爲實事，劉璟當年病卒。《明實錄》所載劉璟非法事多出自外地鎭守時，在南京任守備兩年，不見惡行記載，可能和南京對內臣的監督嚴於外省有關。上述內守備有的卒於任上，有的解職卒於家中，有的皇帝賜葬，又都有高官撰寫墓誌，都可謂得善終。

　　南京內守備中，晏宏和呂憲是文獻記載口碑較好的兩位。明鄭曉《今

〔註50〕　《英宗實錄》卷三十五，《明實錄》13 冊，682 頁。
〔註51〕　《世宗實錄》卷一百二十八，《明實錄》41 冊，3053 頁。
〔註52〕　《武宗實錄》卷一百八十二，《明實錄》37 冊，3530 頁。

言》:「近見敘名臣者多不及武臣……即內臣如王岳、徐智、范亨、懷恩、覃昌,鎮守陝西晏宏、河南呂憲,皆忠良廉靖,縉紳所不及也。」〔註53〕

明雷禮《國朝列卿紀》卷一百二十六姚鏌,「時同事者薦陝西太監晏宏之賢,以卓異稱之,鏌不可,曰:『二字雖吾黨亦不敢輕用,宏宦寺人也,安可當此?』遂竟易之。」〔註54〕

清張怡《玉光劍氣集》卷十《方正》:「正德中中官橫甚,惟呂憲以清謹著聞,甚惡其黨所為。憲嘗鎮守河南,有獲白兔以獻者,撫臣送憲,約共奏上之。憲乃置酒召撫臣飲,臘兔送酒,撫臣大愕,問故,憲曰:『夫貢珍禽異獸以結主歡,乃吾輩所為,公為方鎮大臣,奈何傚之?』撫臣大慚。」〔註55〕

清方以智《中涓議》:「正德中浙鎮守鄧文欲自理刑訟,徑拘問官司,而諫臣戴金糾正之,有曰:『如河南鎮守呂憲,山東王思敬,皆靜約奉法,百姓相慶,輿論許與之。』」〔註56〕

清彭孫貽《明朝紀事本末補編》卷五《宦官賢奸》:「嘉靖間太監黃偉、呂憲、晏殊,清苦端重,屏撤浮華,時以書史自娛,恂恂然有儒者風,所鎮之地,軍民皆被其澤,文臣之守土者亦藉為榜檠,不敢貪墨自恣。」〔註57〕

南京內守備的設置長達二百餘年,其中多有擅權生事、營私舞弊之輩如弘治間蔣琮、正德間劉琅,但也不乏如晏宏和呂憲這樣奉公守法、恪盡職守者,內守備率先示範,往往能帶動下屬遵紀守法,協調與文武官員的關係,對維護南京安全穩定起到促進作用。

三、內守備辦事機構及下屬人員

南京內守備辦事機構為內守備廳,亦稱內守備衙門,據明施沛《南京都察院志》卷二十一《東城職掌》:「內守備衙門在柏川橋轉字鋪。」〔註58〕柏川橋位置在今南京龍蟠中路南京市體育運動學校附近。此處現仍有橋,為南北向,

〔註53〕 〔明〕鄭曉《今言》卷二,68頁。
〔註54〕 〔明〕雷禮《國朝列卿紀》,《續修四庫全書》524冊,136頁。
〔註55〕 〔清〕張怡《玉光劍氣集》,中華書局2006年,449頁。
〔註56〕 〔清〕方以智《浮山文集前編》卷四《曼寓艸上》,《四庫禁燬書叢刊》,北京出版社2000年,集部113冊,526頁。
〔註57〕 〔清〕彭孫貽《明朝紀事本末補編》,《叢書集成續編》,上海書店1994年,23冊,37頁。
〔註58〕 〔明〕施沛《南京都察院志》,《四庫全書存目叢書補編》齊魯書社2001年,73冊,610頁。

東邊有橋欄，西邊爲企業佔用，俗稱半邊橋，橋下小河向西數十米左右，與南北向的古楊吳城濠匯合，北面百米處爲復成橋，南面數百米處爲大中橋。明陳沂《金陵古今圖考》中的《境內諸水圖》可看出在復成橋（北）和大中橋（南）之間有一東西向的河流注入兩橋之間南北向的河流，上面有數座橋樑，最西面的橋就叫柏川橋，《境內諸水圖考》又言：「東出青龍橋，西出白虎橋，至柏川橋入濠者，今大內之御河也。」〔註59〕與今天龍蟠中路上的半邊橋一致。此橋至清末民初變化也不大，據陳詒紱《鐘南淮北區域志》所附圖，復成橋、大中橋之間有一條東西向河流，最西邊橋即名柏川。其文又曰：「御河水……後迤邐流至柏川橋下，合而西注於復成橋南之濠。」〔註60〕據此可知，現在的半邊橋（古柏川橋）、大中橋、復成橋都在原址。

內守備廳所在的柏川橋轉字鋪，鋪爲明代地方保甲單位，亦稱坐鋪，當地居民若干戶爲一鋪，設總甲、火夫等，負責本地段的治安。與內守備廳相鄰的還有靈璧侯宅，戶部司宅二所，兵部司宅，工部大使宅等官宦住宅。

邵磊、張正祥《鄭和在南京的官署——內守備廳與內官監》據《南京都察院志》、《洪武京城圖志》、《嘉慶江寧府志》和《同治上江兩縣志》，認爲南京內守備廳「位於今南京金城機械廠西南隅至瑞金路以南的柏川橋一線原稱東廠街的範圍內」。又認爲「（工部）營繕所在柏川橋北。鄭和、王景弘被任命爲守備太監後，爲了與外守備互相溝通，不宜再深居皇城內，加之兩人都負有奉敕督修南都皇城宮殿之責，將衙署設在柏川橋是非常合適的。」〔註61〕此說較合理。

此外，清計六奇《明季南略》卷一《五月福王入南京》：崇禎十七年五月戊子朔，「從正陽門進城，至東華門，步行過皇極殿，謁奉先殿。出西華門，以內守備府爲行宮駐蹕焉。」〔註62〕西華門與西安門相對，兩者也常混淆，今西安門遺址在龍蟠中路上，與南面的柏川橋原址相距數百米。

內守備廳在南京始終爲一個重要的場所，直至明末，上述福王即曾駐蹕內守備府。弘光政權垮臺後，弘光也是在內守備府向清人投降，《明季南略》卷四《弘光拜豫王》弘光元年五月丙午，弘光「進南門易馬，直至內守備府，

〔註59〕　〔明〕陳沂《金陵古今圖考》，南京出版社2007年，97頁。
〔註60〕　清末民初陳詒紱《鐘南淮北區域志》，〔清〕陳作霖、清末民初陳詒紱《金陵瑣志九種》（下）370頁，南京出版社2008年。
〔註61〕　《鄭和研究》2006年第4期，60～61頁。
〔註62〕　〔清〕計六奇《明季南略》，中華書局1984年，8頁。

見豫王叩頭。」〔註63〕

　　內守備廳除守備太監以外，還有數量不等的辦事人員，負責筆札事務的為掾史，身份為吏員，萬曆《大明會典》卷七《吏員》：「南京內守備：掾史二名。」〔註64〕萬曆後期時任南京工部尚書的丁賓《殿房修理報完疏》所載參與修理孝陵工程的就有內守備廳掾史仲士端、杜學皋。〔註65〕

　　內守備廳辦事人員還有南京國子監監生，非內守備廳正式職員，類似於現在的實習生。明黃佐《南雍志》：正統二年十一月丙午，「南京守備太監劉寧等言：辦事監生喻博等十人三年已滿，請如行在兵部清黃事例撥歷出身。從之。」正統八年秋七月乙亥，「南京守備太監劉寧言：監生許敏等十人辦事三年將滿，宜照喻博等事例歷事出身。從之。」〔註66〕據此可知正統年間辦事監生期限為三年，人數為十人。

　　內守備廳還有雜役人員，如更夫，《南京都察院志》，「內守備衙門更夫拾名，中城支給。內守備衙門單廳更夫伍名，中城支給。」〔註67〕更夫共十五名。

　　軍伴、軍牢，即不參加軍事操練，專門為官員服雜役的軍人。《武宗實錄》正德八年十一月甲申，「兵部議覆南京給事中史魯等奏：至於守備役使每人宜量與軍伴五十名，……得旨：軍伴如前旨，仍與一百五十名。」〔註68〕《世宗實錄》嘉靖二十三年六月己巳，「初南京守備太監丘得奏請添撥軍丁九十人本監供役。上已允之。南京兵部言守備所有官校諸色人役已逾一百，不為不多。」〔註69〕萬曆初年南京兵部尚書潘季馴《酌議軍衛事宜疏》：「前件查得各衙門跟用軍役，除南京內守備跟用軍牢各五十名。」〔註70〕以兩名守備計，內守備廳軍牢為一百名。

　　以上為見於明代史籍的南京內守備衙門的各類工作人員，此外如同外臣文武有幕僚一樣，內守備也有自己的幕僚，明程敏政《大同中屯衛百戶徐君

〔註63〕　〔清〕計六奇《明季南略》，224頁。
〔註64〕　《〔萬曆〕大明會典》，《續修四庫全書》789冊，140頁。
〔註65〕　〔明〕丁賓《丁清惠公遺集》卷三，《四庫禁燬書叢刊》集部44冊，110頁。
〔註66〕　〔明〕黃佐《南雍志》卷三《事紀三》，《續修四庫全書》749冊，129頁、135頁。
〔註67〕　〔明〕施沛《南京都察院志》卷二十，《四庫全書存目叢書補編》73冊，570頁。
〔註68〕　《武宗實錄》卷一百六，《明實錄》35冊，2179頁。
〔註69〕　《世宗實錄》卷二百八十七，《明實錄》44冊，5546頁。
〔註70〕　〔明〕潘季馴《潘司空奏疏》卷二，《景印文淵閣四庫全書》430冊，39頁。

墓誌銘》（徐貴），「景泰初四方多警，太監王公敏受命鎮易州，察公名欲置之幕府。君避不往見，王公請於上，許之。然公實以謹畏聞。君悉心右左。凡事弗便者規正再三，公不爲忤。既而移鎮陝西，守備南京，皆挾君與俱，而王公南京最久。英廟嘗謂執政曰：『王敏之所行恒鮮戻者，以有徐百戶輔之。』蓋英廟在位，於方鎮事無鉅細，必先知故也。天順甲申君引年乞歸，王公固留之不獲。」〔註71〕徐貴爲天順間內守備王敏的幕僚，其他內守備也應如此。

內守備廳有一些獨特的制度習慣，明末史玄《舊京遺事》載內守備衙門公堂不設几：「內臣二十四衙門，惟司禮監非讀書不任，而掌印稱內相，其體如外閣臣而權任過之。獨留都，高帝神靈所棲，今南京守備衙門，坐猶不設几。或遇有文書，則使人手把宣念，退公堂，乃敢據几用筆，垂裕之遠如此。」〔註72〕

四、內守備主管事務

南京內守備的職掌，明代史籍缺乏系統的記載。萬曆《大明會典》只記載文職官員和武職官員的相關制度，不載內臣中官，南京內守備的有關資料零星見於《大明會典》中兵部、南京兵部、刑部、南京刑部、南京工部、南京通政使司、南京大理寺、南京五軍都督府的記載中，如：進貢船隻管理（卷一百四十九《兵部三十二》、卷一百五十八《南京兵部・車駕清吏司》），巡視南京城垣（卷一百五十八《南京兵部・職方清吏司》、卷二百二十七《五軍都督府・南京五軍都督府》），閱視官軍操練、清查軍伍（卷一百五十八《南京兵部・職方清吏司》、卷二百二十七《五軍都督府・南京五軍都督府》），監管馬匹、牛隻（卷一百五十八《南京兵部・車駕清吏司》），監管內府衙門、皇城、孝陵，會商修理事宜（卷一百五十八《南京兵部・車駕清吏司》、卷二百八《南京工部・營繕清吏司》），參與熱審、恤刑（卷一百七十七《刑部十九》、卷二百十四《大理寺・南京大理寺》），受理軍民案件（卷一百八十《南京刑部》、卷一百六十九《刑部十一》、卷二百十二《通政使司・南京通政使司》），每月朔望日，與外守備、參贊及各府堂上官議合行事務（卷二百二十七《五軍都督府・南京五軍都督府》），驗視軍器（卷二百二十七《五軍都督府・南京五軍都督府》）。

〔註71〕〔明〕程敏政《篁墩文集》卷四十七，《景印文淵閣四庫全書》，1253 冊，138 頁。
〔註72〕〔明〕史玄《舊京遺事》卷一，《四庫禁燬書叢刊》史部 33 冊，320 頁。

　　如果細分關於南京內守備的職掌，可分為兩部分，一是與外守備、協同守備、參贊機務相同的與留都有關的一切軍政大事，二是由內守備主管的南京內臣系統的日常事務。

　　萬曆《大明會典》卷一百五十八《南京兵部》：「本部尚書，成化二十三年始奉敕諭參贊機務，同內外守備官操練軍馬，撫卹人民，禁戢盜賊，振舉庶務。故其職視五部為特重云。」〔註73〕「操練軍馬，撫卹人民，禁戢盜賊，振舉庶務」，實際上包含了所有軍國民政事務。從皇帝的敕命中也可看出內守備職掌非常廣泛，明王恕《回報守備太監黃賜到任奏狀》；「節該欽奉敕：今命太監黃賜與爾等一同守備，凡事必須與之協和，計議停當而行，欽此，欽遵。」〔註74〕王恕時任參贊機務南京兵部尚書，凡事即所有軍政大事。《明實錄》記載的更多：洪熙元年六月辛亥，以即位遣使齎敕諭南京守備襄城伯李隆曰：「凡事同守備太監鄭和、王景弘計議，晝夜用心，整肅軍伍，嚴固守備，審察機微，以防不虞。戒戢將士，務循禮法，使軍民皆安，以副國家委任之重。」〔註75〕從上述敕諭中可看出，內外守備職責涵蓋軍政和民政，包括司法和修造工程等。

　　內守備主管事務即對南京內臣各機構的統領。具體權限包括孝陵、皇城及各府庫的看守維護，進貢物資的收集儲運，內府機構日常工作的管理，內府機構官員的監督。劉若愚《酌中志》卷十六《內府衙門識掌》載南京守備太監職掌：「護衛留都，為三千里外親臣。轄南京內府二十四衙門、孝陵神宮監官。奏進神帛、鱘魚、苗薑等鮮。」〔註76〕除與外守備等護衛留都以外，統領南京內官系統各機構，及時進獻貢品，是其主要工作。

　　自永樂十八年遷都北京後，南京成為留都，保存了文臣系統的大小九卿等中央機構，武臣系統的五軍都督府，內臣系統的各監局也予保留。劉若愚《酌中志》卷十六《內府衙門識掌》沒有詳細記載南京各監局，只言：「（南京）各衙門印文，比北京多『南京』二字。」同卷記載北京內府各衙門：內府十二監：曰司禮，曰御用，曰內官，曰御馬，曰司設，曰尚寶，曰神宮，曰尚膳，曰尚衣，曰印綬，曰直殿，曰都知。又四司：曰惜薪，曰寶鈔，曰鐘鼓，曰混堂。又八局：曰兵仗，曰巾帽，曰針工，曰內織染，曰酒醋面，

〔註73〕　《〔萬曆〕大明會典》，《續修四庫全書》791 冊，655 頁。
〔註74〕　〔明〕王恕《王端毅奏議》卷四，《文淵閣四庫全書》427 冊，518 頁。
〔註75〕　《宣宗實錄》卷二，《明實錄》10 冊 31 頁。
〔註76〕　〔明〕劉若愚《酌中志》，《明代筆記小說大觀》，2991 頁。

曰司苑，曰浣衣，曰銀作，以上總謂之曰「二十四衙門」。此外，還有內府供用庫、司鑰庫、內承運庫等。

據《太祖實錄》，洪武十七年夏四月癸未，更定宮官六尚局品秩，內官諸監庫局及外承運等庫局品職。內官監通掌內史名籍總督各職正六品，司禮監等八監七品，內承運庫等八庫局九品，還有隸戶部的外承運庫等，隸工部的兵仗局等。〔註77〕明初內臣不許干政，內府諸衙門的職責是爲皇室日常生活服務，各監中內官監權力最大，爲內府各機構行政主管，司禮監地位較低，掌宮廷禮儀，如重要節日命婦朝賀等禮儀，及糾察內官人員違犯禮法者。洪武二十八年九月，重定宮官六尚品職及內官監司庫局，與諸門官並東宮六局王府承奉等官職秩。原來的內官監等九監又增孝陵神宮監、印綬監共十一監，皆爲正四品，地位高於六局，仍然主管行政後勤諸事務，內官監不再爲各監之首，司禮監仍然掌管禮儀。增設司二曰鐘鼓、曰惜薪司，正五品，局庫九，原來的顏料局、司牧局裁撤，增酒醋面局，原隸屬工部的兵仗局劃歸內府，增內府供用庫正五品。〔註78〕洪武三十年秋七月庚戌朔，又增置都知監正四品，掌內府各監行移。又置銀作局掌造內府金銀器用，正五品。〔註79〕

將《酌中志》與上舉《太祖實錄》中的內府衙門相比，十二監中增設御用監，孝陵神宮監不列入十二監中，四司增寶鈔司，混堂司。八局中增浣衣局。

遷都北京後，南京內官各機構仍然保存，嚴嵩《南宮奏議》卷十四《條陳興都事宜復議》即言：「南京內府自成祖北遷京師，而殿門官守常秩如故。」〔註80〕南京內府機構主要職責爲看護孝陵、皇城，管理內府各庫，進貢皇室所需各類物資等。永樂遷都後的南京內府機構，《明實錄》、萬曆《大明會典》中沒有記載的有尚寶監、直殿監、尚衣監、寶鈔司，混堂司、銀作局。尚寶監掌御用寶璽、敕符、將軍印信，皇帝不在南京，此監無所事事。寶鈔司抄造草紙備宮人使用，南京亦不見記載。直殿監職掌殿閣、廊廡灑掃之役，混堂司職司沐浴堂子，皆無關政務。尚衣監，掌造御用冠冕、袍服、履舄、靴襪之事，南京有內織染局，又有北京內承運庫所屬的南京供應機房，或被取代。銀作局掌造內府金銀器用，遷都北京後，不見記載。

〔註77〕　《太祖實錄》卷一百六十一，《明實錄》4冊，2500～2504頁。
〔註78〕　《太祖實錄》卷二百一，《明實錄》5冊，3506～3512頁。
〔註79〕　《太祖實錄》卷二百五十四，《明實錄》5冊3661頁。
〔註80〕　〔明〕嚴嵩《南宮奏議》，《續修四庫全書》476冊，371頁。

據《酌中志》卷十七《大內規制紀略》：「皇城內，自北安門裏，街東曰黃瓦東門。門東街南曰尚衣監，街北曰司設監。再東曰酒醋面局、內織染局，曰皮房、紙房，曰針工局、巾帽局，曰火藥局，即兵仗局之軍器庫也。再東稍南，曰內府供用庫，曰番經廠、漢經廠，曰司苑局、鐘鼓司。再南，曰新房，曰都知監、司禮監……新房之北，則司禮監；新房之南，則御馬監也。」〔註81〕可知北京各監局位於皇城北部北安門裏，南京各監局也位於皇城內，不過位於皇城西部，西安門、西華門附近。據萬曆間歷任南京鴻臚卿、南京刑部右侍郎等官的王樵所言：「陪京宮闕之制甚儉，六科相對甚近，闕前修廣不及燕京三之一。由西華門循池而北，古木交蔭，池水深廣。內府各監局多面城而列。」「大庖在西華門內，尚膳監在西中門內，與御用監相對。御用監舊丞相府也。」〔註82〕

綜考相關史書，南京皇城可分為兩部分，外圍為皇城，南為洪武門，東為東安門，西為西安門，北為北安門，洪武門以北為政府文武各機構所在。內圍為宮城，亦稱大內，南為午門，東為東華門，西為西華門，北為玄武門，為皇帝及後宮起居之處。據上文可知內府各監局中尚膳監與御用監在西中門內，西中門是與西上門、西安門並列的皇城城門，尚膳監與御用監是在皇城內，宮城外。內府各監局多面城而列，是面皇城而列還是面宮城而列，有待查考。至少內官監是位於西華門內，亦即宮城內。洪武二十六年春正月，「是月重定親王公主婚禮……冊妃儀前期一日，工部以王妃儀仗從西華門入內官監。」〔註83〕

萬曆十五年至十七年，姜寶任南京禮部尚書，曾入南京大內巡視，據其親見：「內官二十四監俱在內，所掌略與京師同，並屬內守備鈐轄。」〔註84〕

南京內府各衙門，權力最重的是司禮監，內官監，其他監局責任較輕。據《酌中志》卷十六《內府衙門識掌》，司禮監職掌凡每日奏文書，自御筆親批數本外，皆眾太監分批。職掌古今書籍、名畫、冊頁、手卷、筆墨硯、綾紗、絹布、紙箚，各有庫貯之。管一應經書印板及印成書籍、佛藏、道藏、番藏，皆佐理之。專理皇城內一應禮儀、刑名，鈐束長隨、堂差、聽事各役，

〔註81〕〔明〕劉若愚《酌中志》，《明代筆記小說大觀》，3025頁。
〔註82〕〔明〕王樵《方麓集》卷十一《金陵雜紀·皇城》。《文淵閣四庫全書》1285 冊，338頁。
〔註83〕《太祖實錄》卷二百二十四，《明實錄》5冊，3281頁。
〔註84〕〔明〕姜寶《姜鳳阿文集》卷三十二《南都觀大內記》，《四庫全書存目叢書》 集部128冊，258頁。

關防門禁。以上職掌中，除了不批寫文書以外，南京司禮監均予保留，又負責神帛製造。其職掌可分爲：一、掌管內府所藏書籍，宣德七年十二月甲午，「敕南京司禮監悉送所貯《五經》、《四書》及《性理大全》等書赴北京。」〔註85〕弘治五年五月辛巳，內閣大學士丘濬奏言，「仍敕南京內外守備大臣會同南京司禮監、禮部、翰林院官，查盤永樂中原留南京內府書籍有無多寡全欠。」〔註86〕二、關防皇城門禁，萬曆《大明會典》卷二百十三《南京兵科》：「凡南京內府各衙門進出事件並內官出入。皆有印信大小勘合塡寫關防。本科官編成字號並置底簿。小勘合，用本科印。大勘合，用司禮監印。俱給與守衛官員塡寫出入事件。塡完小勘合送內府收。大勘合送本科收。以備查考。凡南京皇城內外守衛官軍三日更代。每班，各衛經歷開寫名數，呈報本科，類寫揭帖。每月終送南京司禮監。凡南京五城兵馬司官，每三日一點各城守門官軍，呈報本科。月終送南京司禮監。」〔註87〕三、監管庫藏，萬曆《大明會典》卷二百八《南京工部·都水清吏司》：「凡浙江等布政司、直隷蘇松等府歲造段疋、蘇木，差人赴部轉送南京丁字庫關領。南京司禮監關塡勘合，南京戶部比號，南京兵部起關應付，年終本部具數造冊奏繳。」《屯田清吏司》「凡南京神樂觀樂舞生合用柴薪，本部於南京司禮監關塡勘合，行龍江抽分竹木局關支。」〔註88〕四、進貢，萬曆《大明會典》卷一百五十八《南京兵部·車駕清吏司》：「凡減省船隻，嘉靖八年奏准，南京司禮監運送內府歲用板枋竹木，俱編箱簰筏，以省船隻。若內府歲運充足，並簰筏停止。」「成化十二年，司禮監二起：製帛一起，計二十扛，實用船五隻。筆料一起，實用船二隻。」「嘉靖九年南京司禮監一起，製帛，用船三隻。」〔註89〕

姜寶曾入南京司禮監參觀，據其所見，司禮監地位高於其他部門，守備太監亦出於司禮監，「（司禮）監中堂設內守備兩公公座，本監諸君座雁翅列於上。」「司禮諸君宅舍並鱗次而居，經禁門望而不得入。」「司禮監官亦其（內守備）屬，然體貌尙稍稍優，猶翰林學士與內閣三公禮數。」〔註90〕

〔註85〕《宣宗實錄》卷九十七，《明實錄》12 冊，2187 頁。

〔註86〕《孝宗實錄》卷六十三，《明實錄》29 冊，1213 頁。

〔註87〕《〔萬曆〕大明會典》，《續修四庫全書》792 冊，542 頁。

〔註88〕《〔萬曆〕大明會典》，《續修四庫全書》792 冊，462 頁、466 頁。

〔註89〕《〔萬曆〕大明會典》，《續修四庫全書》791 冊，664 頁、666 頁、668 頁。

〔註90〕〔明〕姜寶《姜鳳阿文集》卷三十二《南都觀大內記》，《四庫全書存目叢書》集部 128 冊，258、259 頁。

　　《明實錄》、萬曆《大明會典》記載較多的還有南京司禮監下屬神帛堂。萬曆《大明會典》卷二百八《南京工部‧都水清吏司》：「凡南京司禮監神帛堂，額設機四十張。食糧人匠一千二百餘名、今存八百餘名。每十年一次料造，共該帛一萬三千六百九十段。每帛一段，用串五細絲一十七兩，共該絲一萬四千五百四十五斤十兩。」〔註91〕嘉靖二年正月辛未，「南京守備魏國公徐鵬舉等奉旨會議應天府匠役人夫事條例以上，一南京司禮監神帛堂匠役洪武時定額四百戶，後太監安寧奏增四十戶，俱免雜差，奸民利之，寅緣竄籍其中至一千一百十四戶。」〔註92〕

　　南京內守備官銜多為司禮監太監，往往直接管理本監事務。萬曆十四年七月癸卯，「諭兵部：南京守備司禮監太監田義著掌管關防並本監印信，司禮監太監高祿調南京司禮監太監僉押管事，一同南京守備。」〔註93〕上述田義、高祿俱為內守備、司禮監太監，田義為首，掌內守備關防，又為南京司禮監的掌印官，高祿其次，具體管理本監事務。又如崇禎間的李秀學，崇禎元年五月甲戌，「又以司禮監管文書內官監太監李秀學為司禮監太監守備南京，掌管關防兼本印信。」〔註94〕也為內守備兼管南京司禮監。

　　南京內官監，據《酌中志》卷十六《內府衙門識掌》，內官監所管十作，曰木作、石作、瓦作、搭材作、土作、東作、西作、油漆作、婚禮作、火藥作，並米鹽庫、營造庫、皇壇庫、裏冰窖、金海等處。凡國家營建之事，董其役；御前所用銅、錫、木、鐵之器，日取給焉。南京內官監職掌同，為主管工程的內府衙門，與南京工部有協作關係。萬曆《大明會典》卷一百八十八《工部八》工匠一，「若供役土匠，則有輪班住坐之分。輪班者隸工部。住坐者隸內府內官監。」〔註95〕南京內官監同。景泰四年冬十月庚寅，以南京太廟並社稷壇殿宇柱栱多蛀壞，命內官監及南京工部修理之。〔註96〕成化十二年秋七月戊申，南京五府六部等衙門成國公朱儀等以修省事奉旨陳言：「南京內官監先因編造竹篩等器借軍五百餘人以助匠作，乞令發還原衛差操。」〔註97〕成化二十三年秋七月丙寅，「命南京內官監太監鄭強督工修

〔註91〕《〔萬曆〕大明會典》，《續修四庫全書》792冊，461～462頁。
〔註92〕《世宗實錄》卷二十二，《明實錄》38冊，648～650頁。
〔註93〕《神宗實錄》卷一百七十六，《明實錄》55冊，3238～3239頁。
〔註94〕《崇禎長編》卷九，《鈔本明實錄》25冊，461頁。
〔註95〕《〔萬曆〕大明會典》，《續修四庫全書》792冊，268頁。
〔註96〕《英宗實錄》卷二百三十四，《明實錄》19冊，5105頁。
〔註97〕《憲宗實錄》卷一百五十五，《明實錄》25冊，2822頁。

皇陵並壽春等王墳，仍遣強致祭皇陵及各墳。」〔註98〕弘治十年三月戊申，「給南京內官監民匠一千二百五十名，食米每人月三斗，從南京內官監請也。」〔註99〕弘治十三年七月甲戌，南京吏部等衙門尚書秦民悅等以星變上言：「南京凡有興作，錢糧取之工部，人力取之中府，而監管官員則聽於內官監等衙門。」〔註100〕弘治十三年八月己亥，「工部覆南京吏部尚書秦民悅等所言稽考工作及公派物料，今後南京內府常行工作，令住坐匠役與班匠相兼用工。果有重大之役，請令內官監會同科道官計定物料，行取應用。」〔註101〕正德三年三月辛酉，南京內官監太監劉琅等奏：「本監工作浩繁，各匠逃故者多，宜如在京例收取千名及行江西撥譜造琉璃者百名，分廩於南京諸衛以備用。」〔註102〕正德五年三月丙辰朔，命南京內官監太監董文、永順伯薛勳、工部尚書俞俊督修孝陵明樓及懿文靈殿。〔註103〕

南京內守備是南京內府各監局的上級，也包括南京內官監，萬曆三十四年二月己未，「南京內官監監丞徐壽僞造關防文移，指稱上用，取南工部杉枋三千塊，部臣回諮議請，乃知其詐。於是署工部侍郎沈季文及司禮監太監陳矩疏聞。上大怒，敕令南京守備劉朝用嚴提追究正法，不許扶同迴護。」〔註104〕南京內守備官銜多爲司禮監太監，其次則爲內官監太監，如宣德、正統時的羅智，正德時的余俊、劉琅、彭恕、劉璟，嘉靖時的王堂、呂憲等俱爲內官監太監。司禮監太監任內守備掌本監事務，內官監太監任內守備也應兼掌本監事務。此外，也有由內守備兼掌內官監事務的，如天啓間王應朝，天啓七年冬十月辛酉，「南京孝陵神宮監太監王應朝爲南京司禮監太監，與梁進協同守備，兼掌內官監印。」〔註105〕

與此相同的還有御用監和御馬監，如正德時任南京內守備的御用監太監劉雲、御馬監太監崔安。其他如內府機構中較小的惜薪司、兵仗局由內守備總管也見於記載，成化二十三年三月甲子，「巡撫南直隸右副都御史李嗣奏：上元、江寧二縣原撥南京光祿寺並惜薪司抬柴人夫，宜改派各府州縣並鄰近布政

〔註98〕 《憲宗實錄》卷二百九十二，《明實錄》27 冊，4965 頁。
〔註99〕 《孝宗實錄》卷一百二十三，《明實錄》30 冊，2197 頁。
〔註100〕 《孝宗實錄》卷一百六十四，《明實錄》31 冊，2991 頁。
〔註101〕 《孝宗實錄》卷一百六十五，《明實錄》31 冊，3010 頁。
〔註102〕 《武宗實錄》卷三十六，《明實錄》34 冊，867 頁。
〔註103〕 《武宗實錄》卷六十一，《明實錄》34 冊，1333 頁。
〔註104〕 《神宗實錄》卷四百十八，《明實錄》61 冊，7914～7915 頁。
〔註105〕 《崇禎長編》卷二，《鈔本明實錄》25 冊，355 頁。

司僉解。守備南京太監錢能等參奏，以爲南京祖宗陵廟所在，歲時供祀膳羞俱屬大庖造辦，柴炭日不可缺，其抬柴夫洪武年間坐派應天一府原額三千名，以後減至三百名，皆派南京二縣，今若改派他處，恐供應後期。」〔註 106〕成化二十三年春正月乙丑，「工部議覆南京守備太監錢能等奏南京兵仗局已造完擺朝盔甲，陸續起解赴京。」〔註107〕

《酌中志》卷十六《內府衙門識掌》：「孝陵神宮監掌印太監一員，別衙門可升，不係司禮監也。轄本陵僉書、掌司，及謫種菜淨軍人等。」「已上六處，秩在文書房監官之上，並孝陵掌印，各有敕論。」〔註 108〕孝陵神宮監掌印太監來自各監局，奉敕履行職責。天啓五年十二月戊寅，「調司禮監管文書內官監太監楊國瑞爲南京司禮監太監，與劉敬協同守備，御馬監太監胡良輔調南京孝陵神宮監太監掌印。」〔註109〕由此可見孝陵神宮監太監的地位很高，與南京司禮監太監相當，但也由南京內守備管轄，宣德九年春正月辛丑，「南京太監羅智等奏有盜孝陵殿祭器者，神宮監官苗青、孝陵衛指揮蕭昱等防護不謹，請治其罪。」〔註 110〕成化十七年十二月甲子，「孝陵神廚火，焚毀宰牲亭，南京守備太監安寧劾奏神宮監太監韋清等提督不嚴。」〔註111〕

宦官得罪，往往謫發南京，於孝陵充淨軍種菜等，內守備也負看管之責，《萬曆野獲編補遺》卷一《內臣罪譴》：「聞之中官輩云：種菜者至南京，其守備大璫坐堂皇，喝云『取職事來』，則淨軍肩一糞桶並杓趨過前而去，雖司禮首璫得罪亦然。又晝夜居菜圃，非赦不得越寸步。」〔註112〕

劉若愚《酌中志》卷十六《內府衙門識掌》載南京內守備的職責除統領內府各機構外，進貢也是其重要使命，「奏進神帛、鰣魚、苗薑等鮮」。南京內守備本身有進貢任務，同時作爲南京宦官系統的首領，負責監督保證各監局進貢任務的順利進行。

神帛、鰣魚、苗薑等鮮的進貢來自下屬各監局，南京內守備自己的進貢任務是鮮梅、鮮茶、多筍等，萬曆《大明會典》卷一百五十八《南京兵部・車駕清吏司》載成化十二年南京內守備廳所貢物品，用冰物件六起：鮮梅四

〔註 106〕《憲宗實錄》卷二百八十八，《明實錄》27 冊，4874～4875 頁。
〔註 107〕《憲宗實錄》卷二百八十六，《明實錄》27 冊，4839 頁。
〔註 108〕〔明〕劉若愚《酌中志》，《明代筆記小説大觀》，2991 頁。
〔註 109〕《熹宗實錄》卷六十六，《明實錄》69 冊，3118 頁。
〔註 110〕《宣宗實錄》卷一百八，《明實錄》12 冊 2414 頁。
〔註 111〕《憲宗實錄》卷二百二十二，《明實錄》26 冊，3830 頁。
〔註 112〕〔明〕沈德符《萬曆野獲編》，815 頁，中華書局 1959 年。

十扛或三十五扛，實用船八隻。枇杷四十扛或三十五扛，實用船八隻。楊梅四十扛或三十五扛，實用船八隻。不用冰物件二十二起：鮮藕、荸薺、橄欖等物五十五扛，實用船六隻。鮮茶十二扛，實用船四隻。木樨花十二扛，實用船二隻。石榴柿子四十五扛，實用船六隻。柑橘、甘蔗五十扛，實用船六隻。嘉靖九年並省南京進貢船隻，所貢物品為：一起鮮藕與荸薺，並用船三隻。一起新茶與青梅，並用船三隻。一起枇杷，用船一隻。一起柑橘甘蔗，並用船二隻。一起多筍，改從陸運。〔註113〕

　　明廷對南京內府機構的進貢非常重視，《明實錄》列朝都有記載，英宗時對南京內守備進貢延誤不滿，詔敕申斥：天順元年十二月庚戌，「敕南京守備太監周禮、侯忠等，南京所進柑橙等果每歲皆於冬初至京供薦，今冬暮猶未至，其侯忠卻二次先自來進，而歲進官果乃爾遲誤，敬謹之心何在？其具實來聞。」〔註114〕天順三年秋七月丙戌，「敕諭南京守備太監周禮等，近聞爾等行事不和，又與守備總兵亦相矛盾，所以薦新品物往往遲誤，及至花果等樹亦有枯損者。今後一應進對象俱不必進來，敕至爾等各宜警省。」〔註115〕對守備太監有關進貢的奏疏也很重視，往往予以採納，天順六年二月丙寅朔，「增造薦新黃船十二隻，從南京守備太監懷忠等奏也。」〔註116〕天順六年三月己未，「南京守備太監懷忠等奏每年四月進貢鰣魚須用冰闢熱，然鰣魚廠臨江而取冰於內府不便，請置冰窖於廠後。從之。」〔註117〕憲宗、世宗朝也有記錄，成化十年三月乙未，「南京守備太監安寧奏成化九年十月以來天暖無冰，恐誤祭祀進鮮之用，禮部請移文所在有司，將舊積之冰撙節供應，毋得妄費誤事。從之。」〔註118〕

　　萬曆《大明會典》卷一百五十八《南京兵部·車駕清吏司》載有南京內府各機構進貢物品名稱、所進衙門、船隻數量，以成化十二年為例：「南京各衙門每年進貢物件共三十起，用船一百六十二隻。司禮監二起，製帛一起，計二十扛，實用船五隻。筆料一起，實用船二隻。守備並尚膳監等衙門二十八起。用冰對象六起：鮮梅四十扛或三十五扛，實用船八隻。枇杷四十扛或

〔註113〕《〔萬曆〕大明會典》，《續修四庫全書》791 冊，666～667 頁。
〔註114〕《英宗實錄》卷二百八十五，《明實錄》20 冊，6107 頁。
〔註115〕《英宗實錄》卷三百五，《明實錄》21 冊，6436 頁。
〔註116〕《英宗實錄》卷三百三十七，《明實錄》21 冊，6877 頁。
〔註117〕《英宗實錄》卷三百三十八，《明實錄》21 冊，6894 頁。
〔註118〕《憲宗實錄》卷一百二十六，《明實錄》24 冊，2403 頁。

三十五扛，實用船八隻。楊梅四十扛或三十五扛，實用船八隻。以上俱守備。鮮筍四十五扛，實用船八隻。頭起鰣魚四十四扛，實用船七隻。二起鰣魚四十四扛，實用船七隻。以上俱尚膳監。不用冰物件二十二起：鮮藕荸薺橄欖等物五十五扛，實用船六隻。鮮茶十二扛，實用船四隻。木樨花十二扛，實用船二隻。石榴柿子四十五扛，實用船六隻。柑橘甘蔗五十扛，實用船六隻。以上俱守備。天鵝等物二十六扛，實用船三隻。醃菜苔等物共一百三十壇，實用船七隻。糟筍一百二十壇，實用船五隻。蜜煎櫻桃等物七十壇，實用船四隻。乾鰣魚等物一百二十合壇箱，實用船七隻。紫蘇糕等物二百八十四壇，實用船八隻。木樨花煎等物一百五扛，實用船五隻。鷺鶿等物十五扛，實用船二隻。以上俱尚膳監。荸薺七十扛，實用船四隻。薑種芋苗等物八十扛，實用船五隻。苗薑一百擔，實用船六隻。鮮藕六十五扛，實用船五隻。十樣果一百四十扛，實用船六隻。以上俱司苑局。香稻五十扛，實用船六隻。苗薑等物一百五十五扛，實用船六隻。十樣果一百一十五扛，實用船五隻。以上俱供用庫。苜蓿種四十扛，實用船二隻。以上御馬監。」〔註119〕以上均為南京內官系統各衙門進貢物件，有守備廳、尚膳監、司禮監、司苑局、供用庫、御馬監，其中尚膳監和守備廳進貢任務最重。除司禮監進貢的製帛、筆料，均為食物。

除統領南京內府各衙門以及監管進貢外，守護南京皇城、皇陵、壇廟也是南京內守備的重要職責。

南京皇城分兩層，外層南至洪武門、東至東安門、西至西安門、北至北安門。內層為宮城，亦稱大內，南至午門、東至東華門、西至西華門、北至玄武門。午門以內有奉天門，午門以外有端門、承天門。宮城內宮殿有奉天殿、華蓋殿、謹身殿、奉先殿、武英殿、文華殿、乾清宮、坤寧宮等。皇陵有鍾山下的孝陵、懿文太子陵。壇廟皇城內有太廟，在端門之左。社稷壇，在端門之右。皇城外有正陽門外天地壇、山川壇，雞鳴山陽的帝王廟、功臣廟、城隍廟等。仁宗、宣宗二朝，南京內守備的一個重要職掌就是修理皇城，洪熙元年三月，仁宗即位不久，就決意復都南京，命北京政府各機構加行在二字，復建北京行部及後軍督督府。〔註120〕四月命修南京皇城，敕內守備王景弘曰明年還都南京，命其提督皇城宮殿的修葺。「敕南京太監王景弘曰：朕

〔註119〕《〔萬曆〕大明會典》，《續修四庫全書》791 冊，666～667 頁。
〔註120〕《仁宗實錄》卷八下，《明實錄》9 冊，272 頁。

以來春還京。今遣官匠人等前來，爾即提督將九五殿各宮院，凡有滲漏之處隨宜修葺，但可居足，不必過爲整齊，以重勞人力。」〔註121〕當年五月仁宗崩，臨終前給太子的即位詔中仍希望還都南京。洪熙元年五月辛巳，遺詔天下傳位皇太子，詔曰：「嗚呼南北供億之勞，軍民俱困，四方向仰咸南京，斯亦吾之素心，君國子民宜從眾志。」〔註122〕宣宗統治時期，南北二都的地位仍未確定，南京皇城、壇廟的修理仍是內守備的重要工作，洪熙元年八月甲午，「太監鄭和等奏奉敕修理南京宮殿，當用金箔，請令有司市買。命於天財庫支鈔買用，須依時直，勿虧小民。」〔註123〕宣德元年二月壬辰，「南京守備太監鄭和等奏：天地壇大祀殿並門廊齋宮及山川壇殿廊廚庫俱已朽敝，請加修理。」〔註124〕

　　英宗正統六年十一月，改給兩京文武衙門印，北京去行在二字，南京增南京二字，南北二京的地位才確定。北京最終成爲首都，正統六年十一月甲午朔，「改給兩京文武衙門印。先是北京諸衙門皆冠以行在字，至是以宮殿成始去之。而於南京諸衙門增南京二字，遂悉改其印。」〔註125〕儘管如此，英宗朝南京皇城的修理工程仍在進行，在定都前的當年六月乙亥，「南京太廟、社稷壇殿宇樑柱多有朽腐者，詔太監劉寧等修理。」〔註126〕當年十二月，劉寧又奏修山川壇。正統十二年九月戊戌，「守備南京太監劉寧奏六月間南京大風雷雨，山川壇火，殿廡樂器祭器皆焚毀，乞集材修造。從之。」〔註127〕其後，南京皇城、皇陵、壇廟的監管、守護仍是內守備的重要使命，天順元年三月乙丑，「南京守備太監陳公言：南京工部已備料積工將建山川壇，適有詔罷不急之務，臣惟山川之神春秋有祀，殿宇不存，神無所依，非不急之務也。請如舊造完。從之。」〔註128〕天順二年三月丙午南京守備太監周禮奏：二月九日暴風拔孝陵松樹，及懿文陵靈殿等處獸脊樑柱多脫落損壞。上命駙馬都尉焦敬往祭告修理。〔註129〕天順五年夏四月甲申，南京內府新房多朽敝，守

〔註121〕《仁宗實錄》卷九上，《明實錄》9冊，280～281頁。
〔註122〕《仁宗實錄》卷十，《明實錄》9冊，306頁。
〔註123〕《宣宗實錄》卷八，《明實錄》10冊，219頁。
〔註124〕《宣宗實錄》卷十四，《明實錄》10冊，389頁。
〔註125〕《英宗實錄》卷八十五，《明實錄》15冊，1696頁。
〔註126〕《英宗實錄》卷八十，《明實錄》15冊，1586頁。
〔註127〕《英宗實錄》卷一百五十八，《明實錄》16冊，3074頁。
〔註128〕《英宗實錄》卷二百七十六，《明實錄》20冊，5867頁。
〔註129〕《英宗實錄》卷二百八十九，《明實錄》20冊，6185頁。

備內臣以爲言。命南京工部修之。〔註130〕成化元年夏四月庚子南京守備太監王敏奏：南京內府城堞及報恩寺塔各爲雷雨所損。命南京兵部會內外守臣興工修補之。〔註131〕弘治二年四月甲午，「南京守備太監陳祖生等奏，近者甲子等庫之火由各內官從人止宿其中所致。自今南京內府庫藏凡積貯錢糧處所，俱乞嚴爲之禁，不得令人出入止宿。從之。」〔註132〕嘉靖十三年六月甲子南京守備太監李瓚等奏南京太廟災，前後及東西廡神廚庫俱毀。〔註133〕萬曆四十六年六月丁丑，南京守備太監高湧言積盜曹孝等擅越皇城，偷竊禁銅，命下法司科罪。〔註134〕

內守備等官員守護皇城、孝陵等需與南京工部密切配合，「凡內府衙門及皇城門鋪等處損壞，南京內守備並內官監等衙門或奏行、或揭帖到部。」〔註135〕由南京工部負責修復工程。

南京內守備還承擔一些特殊使命，在司法領域，內守備有權主持大審、參與熱審，而其他守備官員外守備、協同守備、參贊機務無權參加，這也顯示出內守備地位特殊。與內守備一同參與的是南京三法司（刑部、都察院、大理寺）尚書、都御史等。

明代司法制度注重愼恤刑獄，熱審制度始於永樂間，大審制度始於成化間，目的都是從寬對待獄囚，重罪者矜疑，輕罪者減等，枷號者疏放等。熱審每年一次，北京夏月舉行，南京及外地可據熱審文書到日延遲。大審每五年舉行，例在丙、辛之年。熱審和大審常因故不行。

萬曆《大明會典》卷一百七十七《刑部十九》熱審，「成化二十二年夏，諭法司：見今雨澤少降，天氣向熱，內外衙門見監罪囚恐有冤抑。兩京令司禮監太監、守備太監同三法司堂上官會審。」〔註136〕萬曆《大明會典》卷一百七十七《刑部十九》恤刑，「國朝愼恤刑獄，每年在京既有熱審，至五年又有大審之例，自成化間始。至期刑部題請敕司禮監官會同三法司審錄。南京則命內守備會法司舉行。」〔註137〕

〔註130〕《英宗實錄》卷三百二十七，《明實錄》21 冊，6740 頁。
〔註131〕《憲宗實錄》卷十六，《明實錄》22 冊，354 頁。
〔註132〕《孝宗實錄》卷二十五，《明實錄》28 冊，562 頁。
〔註133〕《世宗實錄》卷一百六十四，《明實錄》42 冊，3632 頁。
〔註134〕《神宗實錄》卷五百七十一，《明實錄》64 冊，10773 頁。
〔註135〕《〔萬曆〕大明會典》卷二百八《南京工部》，《續修四庫全書》792 冊，457 頁。
〔註136〕《〔萬曆〕大明會典》，《續修四庫全書》792 冊，160 頁。
〔註137〕《〔萬曆〕大明會典》，《續修四庫全書》792 冊，162 頁。

南京內臣參與熱審自成化八年始。成化八年夏四月乙酉,「上諭三法司曰:在京在外衙門見監問罪囚中間恐有冤抑。兩京命司禮監太監黃高、南京司禮監左少監宋文毅同三法司堂上官逐一審錄……死罪情可矜疑者奏請,徒流以下減等處治。」〔註138〕嘉靖二年四月壬申朔,「上以災異修省敕諭中外文武群臣曰:惟刑獄枉濫,囚繫久淹,以致民心愁怨,上於天和。各處囚犯除屢審情真者法難有免,其情可矜疑、事因注誤者,在京遣司禮監太監、南京守備太監各一員會同法司,在外鎮巡會同三司從公辯問,俱與從輕發落。」〔註139〕

南京內守備參與大審自成化十七年始,《南京都察院志》卷一《皇綸》:成化十七年(辛丑)四月十七日,敕南京守備司禮監太監安寧,「同三法司堂上官,將見監問罪囚逐一從公審錄。」〔註140〕《明實錄》也有記載,正德十一年(丙子)八月丁卯,南京守備太監黃偉奏奉旨會同三法司尚書戈瑄等審錄罪囚。以情可矜疑者奏請,得減死充軍者十人,婦人杖而釋之者二人,免枷號者三十三人。〔註141〕萬曆四年(丙子)八月戊辰,南京守備太監李慶,以會同刑部等衙門審錄過斬絞雜犯等罪罪囚張郭等奏聞,下所司。〔註142〕正德元年(丙寅)八月癸酉,南京守備太監傅容會同三法司長史審錄罪囚,情可矜疑者十五人、應免枷項者五人以請。有旨是之,十五人俱減死充軍,其殺人者仍杖百遣之。〔註143〕嘉靖三十五年(丙辰)五月己卯,以五年審錄屆期命司禮監太監黃錦,南京守備太監郭璇同兩京三法司錄囚,貰減有差。〔註144〕

又據鄭紀撰《東園文集》卷十一《恭題南京守備太監臣陳祖生審錄敕諭後》,弘治四年(1491 辛亥)內守備陳祖生主持大審。〔註145〕《南京都察院志》卷三十五,天啓元年(1621 辛酉)六月初十日,敕命南京守備司禮監太監高湧審錄罪囚。〔註146〕

南京內守備參與審理案件職掌不完全相同,熱審、大審都是內守備與三

〔註138〕《憲宗實錄》卷一百三,《明實錄》24 冊,2018 頁。
〔註139〕《世宗實錄》卷二十五,《明實錄》39 冊,704 頁。
〔註140〕〔明〕施沛《南京都察院志》,《四庫全書存目叢書補編》73 冊,52 頁。
〔註141〕《武宗實錄》卷一百四十,《明實錄》36 冊,2763~2764 頁。
〔註142〕《神宗實錄》卷五十三,《明實錄》52 冊,1242 頁。
〔註143〕《武宗實錄》卷十六,《明實錄》33 冊,499 頁。
〔註144〕《世宗實錄》卷四百三十五,《明實錄》47 冊,7496 頁。
〔註145〕〔明〕鄭紀《東園文集》卷十一,《景印文淵閣四庫全書》1249 冊,831 頁。
〔註146〕〔明〕施沛《南京都察院志》,《四庫全書存目叢書補編》74 冊,315 頁。

法司堂上官會同審理，但大審是由內守備主持，地位高於其他官員，三法司官惟命是從。大審地點在南京大理寺，萬曆《大明會典》卷二百十四《大理寺》南京大理寺，：「凡會審囚犯。每五年守備太監奉敕會同南京刑部、都察院，於本寺審錄。」〔註147〕徐三重《采芹錄》：「天下獄囚每五年一差官審錄，用刑部大理寺官共十五員，謂之恤刑，其在京師者則三法司堂上官會審，而特敕司禮監一大璫主之，至日大理寺獨設一座於上，高數尺，司禮據案秉筆，情罪出入悉屬定擬，法司大僚俱卑坐左右侍，畫諾而已。」〔註148〕張廷玉《明史》卷九十五《刑法三》亦言：「凡大審錄，齎敕張黃蓋於大理寺，為三尺壇，中坐，三法司左右坐，御史、郎中以下捧牘立，唯諾趨走惟謹。三法司視成案，有所出入輕重，俱視中官意，不敢忤也。」「內臣曾奉命審錄者，死則於墓寢畫壁，南面坐，旁列法司堂上官，及御史、刑部郎引囚鞫躬聽命狀，示後世為榮觀焉。」〔註149〕以上為北京大審主審太監之顯赫之勢，南京應差同。

鄭紀《東園文集》卷十一《恭題南京守備太監臣陳祖生審錄敕諭後》記明廷給南京內守備主持大審的敕諭，「臣伏睹弘治四年（1491辛亥）五月三日皇帝敕諭南京守備司禮監太監陳祖生審錄罪囚，有曰冤抑致傷和氣。又曰詳察言詞，旁詢知證，毋惑浮言，毋拘成案。又曰務得實以全民命，以稱朕好生之意。」〔註150〕

除此之外，南京內守備又有監督仗刑之責，成化十八年三月庚午，「上以（李）珊等皆明經出身，如何寫別字，且辭多牽強不謹之甚。命南京錦衣衛執詣南京午門前各杖二十，且令南京鎮守太監安寧監視之。」〔註151〕成化二十年春正月壬子，東廠行事司禮監太監尚銘有罪，「仍令押赴南京，守備太監杖之百，充淨軍，孝陵種菜。」〔註152〕萬曆十四年八月甲子，「南京刑部尚書姜寶問擬馮保專恣異常、妄意復然，客用以舊黨朋比，將審過供由請旨。上命馮保從輕發充孝陵衛淨軍，客用著守備衙門杖八十，照舊著役。」〔註153〕

南京內守備參與大審、熱審自明中葉至明末，同時又有一些短期的特殊

〔註147〕《〔萬曆〕大明會典》，《續修四庫全書》792冊，558頁。

〔註148〕〔明〕徐三重《采芹錄》卷三，《文淵閣四庫全書》867冊，395頁。

〔註149〕〔清〕張廷玉《明史》，2341頁。

〔註150〕〔明〕鄭紀《東園文集》卷十一，《文淵閣四庫全書》1249冊，831頁。

〔註151〕《憲宗實錄》卷二百二十五，《明實錄》26冊，3857～3858頁。

〔註152〕《憲宗實錄》卷二百四十八，《明實錄》27冊，4204頁。

〔註153〕《神宗實錄》卷一百七十七，《明實錄》55冊，3269頁。

使命，如萬曆朝的開礦徵稅。萬曆中葉皇室費用急漲，遼東戰事又持續漫延，導致朝廷財政入不敷出，神宗下令內臣於各地開礦徵稅。南京內守備也負有此使命。萬曆二十七年七月命南京守備太監郝（邢）隆、劉朝用開礦於南直隸寧國、池州等處，又令其會同撫按查議鋪稅以聞。〔註154〕萬曆二十七年十一月又命守備太監邢隆、劉朝用委派內官一員同南京工部官員督令各府州縣備清查沿江上下新漲沙洲蘆田，丈勘冊報，照例起課銀兩。〔註155〕萬曆二十八年二月南京守備太監邢隆題稱守備關防為防衛留都所用，今奉命查勘蘆洲田土錢糧，若無印信弊端百出。明廷命予其欽差督管洲田內官關防。〔註156〕萬曆二十八年五月南京守備邢隆進贓罰銀七百餘兩、礦銀四千一百餘兩。〔註157〕萬曆三十年四月丁未，大學士沈一貫以上與南京守備太監邢隆徵收徽寧二府買產稅契銀敕書關防，上疏爭之。〔註158〕萬曆三十二年五月南京守備太監邢隆疏奉旨查徵產稅銀兩。〔註159〕萬曆四十二年五月辛巳南京戶部尚書衛承芳疏：「總計上下江歲徵銀七千三百兩有奇，每年春夏之交內守備劉朝用額收解進。」〔註160〕

五、內守備的顯要地位

　　南京內守備多為太監，秩正四品，極少為少監、監丞。而與其並受敕命，守備南京的外守備、協同守備多為公、侯、伯勳臣，外守備初期還有外戚駙馬都尉（沐昕），協同守備中只一任為從一品的都督同知（馬良，成化），一任為正二品的都督僉事（趙倫，景泰）。參贊機務多為正二品尚書，只一任為正二品都御史（王恕，成化），一任為正三品侍郎（徐琦，正統）。可內守備卻常常凌駕他官之上，作於嘉靖八年的張孚敬《議南京守備催革各處鎮守》記載了世宗對南京守備諸臣的不滿：「朕惟南京我聖祖根本之地，今雖有文武重臣在守，聞事皆自守備內官出，夫何不用一宗室以掌其事？」〔註161〕

〔註154〕 《神宗實錄》卷三百三十七，《明實錄》59冊，6250頁。
〔註155〕 《神宗實錄》卷三百四十一，《明實錄》59冊，6330頁。
〔註156〕 《神宗實錄》卷三百四十四，《明實錄》59冊，6413～6414頁。
〔註157〕 《神宗實錄》卷三百四十七，《明實錄》59冊，6481頁。
〔註158〕 《神宗實錄》卷三百七十一，《明實錄》60冊，6959頁。
〔註159〕 《神宗實錄》卷三百九十六，《明實錄》60冊，7456頁。
〔註160〕 《神宗實錄》卷五百二十，《明實錄》63冊，9826頁。
〔註161〕 〔明〕張孚敬《太師張文忠公集・奏議》卷五，《四庫全書存目叢書》集部 77冊，108頁。

世宗朝宦官勢力大為斂戢，可南京內守備仍然凌駕於守備同僚之上，「事皆自守備內官出」，因而引起世宗的不滿，意欲派宗室鎮守，取代內外守備等。而早在這之前，內守備的勢力即已不可一世，清孫奇逢《中州人物考》卷一《薛文清瑄》：「明年（景泰二年）升南京大理寺卿，守備中官興安、袁誠，時無抗禮者。」〔註 162〕萬曆間王世貞也言內守備地位之高，稱之為「富貴之極」：「成化中司禮監太監黃賜以與汪直不合出掌南京守備。正德中司禮監太監黃偉以與劉瑾不合出掌南京守備。二黃皆以司禮大璫出，行業老成，稍為人所重，然富貴之極，南中往往互稱不能別。」〔註 163〕

內守備與外守備、參贊等官議事，他官往往惟命是從，韓文弘治十六、十七年任參贊機務南京兵部尚書，此前的文武官員與內守備會議時，往往不發一言，「癸亥（弘治十六年）升南京兵部尚書參贊機務，先是會守備中官議事，多遜避不發一言，或探其意向以為可否。文曰：『事之可否有理與法，吾惟以無私處之，可拱默為避禍計耶？』遇事輒昌言商確，聞者無不敬服。」〔註 164〕

內守備與其他守備官員同處重要場合時，常據首席，如謝肇淛云：「南都守備內臣遇大閱之時，必據中席，而大司馬、侯、伯皆讓之。」〔註 165〕此為守備諸臣檢閱南京三大營操練，內守備據中席，位居南京兵部尚書和外守備、協同守備之上。謝肇淛萬曆時曾任南京兵部職方司主事，此記當為其親見。

據萬曆《大明會典》卷二百二十七《五軍都督府‧南京五軍都督府》，南京內外守備等官員每月朔望日在南京中軍都督府守備廳議事，萬曆間任南京兵部右侍郎、南京刑部尚書的王世貞所撰《鳳洲筆記》中有《南京守備協同參贊坐次》，記載了正統中（實從宣德十年起）襄城伯李隆任守備，戶部尚書黃福參贊機務起，至成化十五年成國公朱儀任守備，豐城侯李勇任協同守備，南京兵部尚書陳俊任參贊機務時的外守備廳坐次，大抵守備居中坐，協同守備、參贊機務左右坐，並言以後守備、參贊坐大約相同，又言「惟增內守備太監據首席」。〔註 166〕則成化至萬曆間，守備廳議事時內守備坐次高

〔註 162〕〔清〕孫奇逢《中州人物考》，《景印文淵閣四庫全書》458 冊，5 頁。
〔註 163〕〔明〕王世貞《弇山堂別集》卷十八《二黃中貴》，333 頁。
〔註 164〕〔明〕費宏《太保費文憲公摘稿》卷十九韓文神道碑銘，《續修四庫全書》1331 冊，648 頁。
〔註 165〕〔明〕謝肇淛《五雜組》卷十五，《明代筆記小說大觀》1838 頁。
〔註 166〕〔明〕王世貞《鳳洲筆記》卷十九《雜編一》，《四庫全書存目叢書》集部 114 冊，687 頁。

於其他官員。

即私下場合聚會，內守備亦常據六卿之上，可見其勢壓六卿已習以為常。《堯山堂外紀》記成化中內守備安寧宴請參贊機務南京兵部尙書程信：「程襄毅公參贊南都日，左瑢安寧時爲守備，燕公。設席，中爲己坐而以公位其下，公心不平。蓋中官雖爲主，亦居首席，六卿而下，皆列坐焉。公戲爲一絕云：主人首席客居旁，此理分明大不祥。若使周公來守備，定因屋上放交床。安見詩，遂分賓主。」〔註167〕

至萬曆間，內守備與南京六卿私宴，亦居眾人之上，南京吏部尙書劉光濟就曾遇此情形，「六卿中有私燕，而守備中貴人爲上客，不至，遲之再三乃至。主人迎謂：明公不來，諸生無敢即席。公怒曰：天子六卿而貶稱諸生於中貴人前，可乎？即拂衣出。」〔註168〕

更有甚者，本職爲負責監察官員的南京御史，竟然要求由內守備來考察南京官員，這直接侵奪南京吏部和南京都察院的權力，雖然此事未果，也可見內守備在南京官員中的重要地位。正統五年二月庚子，「監察御史魏淡老疾不任事，都察院朱與言勒令致仕。淡建言：行在文武官員親近日月之光，皆能修省以成賢良，而南京諸司不賢者多富而有勢者私相朋蔽，貧而在下者孤立無助，若憑風憲考察，少合公論。守備太監劉寧忠直公平，乞令體訪各官。」〔註169〕魏淡認爲都察院等機構行事不公，奏請由守備太監劉寧考察南京官員，這項提議明顯違反成法，卻由專管制度監察的御史提出，亦可見守備太監的實際影響。

嘉靖間晏宏任南京內守備，林文俊的《題南京守備太監晏公卷》中如此稱頌晏宏：「清名儉德重當時，道路人傳即口碑。全陝山川遺愛在，留官管鑰舊臣宜。門無雜客跡如掃，案有殘書手自披。幾疏乞骸恩未許，樸忠應結九重知。」〔註170〕詩中人物品德、名聲、權位、學識一應俱全，這顯然是在頌揚一位德高望重、通常由文人出任的朝廷重臣，如果不看詩題，很難看出這首詩所稱頌的人物是以往被文人士大夫所不齒的宦官，而作者林文俊，翰林

〔註167〕〔明〕蔣一葵《堯山堂外紀》卷八十六《國朝》，《續修四庫全書》1195冊，72頁。

〔註168〕〔明〕明王世貞《弇州續稿》卷一百二十三劉光濟墓誌銘，《景印文淵閣四庫全書》1283冊，724頁。

〔註169〕《英宗實錄》卷六十四，《明實錄》14冊，1233～1234頁。

〔註170〕〔明〕林文俊《方齋存稿》卷十，《景印文淵閣四庫全書》1271冊，843頁。

院編修出身，充經筵講官，歷兩京國子監祭酒，升南京禮部右侍郎，官終南京吏部右侍郎，是標準的文人士大夫代表。這說明至明代中後期，宦官的優越地位在整個官僚階層已經被接受，同樣，南京內守備在南京官員中的地位也等同於朝廷重臣。

內守備的顯赫地位也可從其與南京各級文武官員的關係上看出，首先表現在內守備對南京高級官員的彈劾，企圖壓制侵奪南京各級官員的權力，導致糾紛不斷。而南京文武高級官員卻極少彈劾守備內臣，弘治八年九月壬辰，「南京守備司禮監太監陳祖生奏魏國公徐俌每承命孝陵致祭，皆由紅刓門並金門陵門之右門入，至殿內行禮，事屬僭逾，宜令改正。」〔註171〕魏國公徐氏是南京門第最高的貴族，也是明代異姓貴族之首，先後有四人出任外守備、二人任協同守備，祭祀孝陵也多由其家族主持。儘管此事最後朝廷下令仍遵徐俌所行舊例，徐俌次年即任外守備，亦可見內守備侵權生事之一斑。

正德年間南京管理操江事務的懷寧侯孫應爵奏缺員嚴重，船隻損壞過半，守備參贊內外官員事多掣肘，乞罷免其職。兵部覆奏認為內外守備與操江官員應該協恭共濟、遵循舊規，增科道各一人選補操軍，南京工部修理船隻。明廷已經採納兵部意見，要求南京官員「務循舊規，協和行事」。而時任內守備的黃偉疏奏孫應爵及操江都御史張津為指揮趙山所誘，「欲事紛更，語侵臣等」，最後處理結果是「詔責應爵及津，令自陳狀，山下南京法司逮問」。〔註172〕從明廷對此事的處置可見內守備在與南京文武官員的爭鬥中處於優勢地位。

上述的內守備黃偉又劾奏南京戶部右侍郎王鴻儒，王鴻儒儘管無過，也被罰俸三月。此事起於南京戶部主事王瑞之監放官軍月糧，千戶王忠等微服侵擾，為王瑞之所杖，王忠等訴於內外守備，守備等奏王瑞之擅辱武職，有旨捕問。王鴻儒為王瑞之辨白，具陳官軍平日撓法狀。守備太監黃偉、劉琅等因劾王鴻儒欲庇屬官等罪，儘管王鴻儒具疏請罪，仍不免於奪俸。此事是由千戶王忠等微服侵擾官軍放糧始，逮問主事王瑞之即已處置失當，又牽連到戶部右侍郎的王鴻儒，可見明廷對內守備的縱容。〔註173〕嘉靖年間守備

〔註171〕《孝宗實錄》卷一百四，《明實錄》30冊，1901頁。
〔註172〕《武宗實錄》卷一百三，《明實錄》35冊，2123頁。
〔註173〕《武宗實錄》卷一百三十二，《明實錄》36冊，2618～2619頁。

太監郭珹也奏管南京前軍都督府事懷遠侯常文濟直宿後時，致其被奪祿米半年。〔註174〕

南京內守備與武臣公、侯，文臣尚書、侍郎、操江都御史等高級官員常無故相爭，對中下級文武官員特別是言官更是矛盾不斷，弘治二年五月，南京監察御史李端巡視長安四門倉場時坐對承天右門，違背禮制，指揮徐政告知守備太監陳祖生，陳祖生上奏此事。於是李端奏守門內臣索要財物，指揮楊瓚率軍驚疑人心，及陳祖生挾私誣陷等事。錦衣衛勘問所述不實，判決降調邊任。實際上是李端檢束內臣之生事者而致此案：「端初坐長安門外，有告守門內臣坐於千步廊下索要財物者，端將察之，入門，內臣揖之坐，端忘其然也，遂與坐。後因以為常，又數以事檢束內臣之生事者，故及。」〔註175〕

正德二年監察御史馮允中在南京清查文檔卷宗，參究指揮張翰等罪，張翰查知馮允中公差期間私自回家鄉，呈守備太監鄭強奏聞，明廷命下馮允中詔獄拷訊，最後命杖三十發遣，而寬免張翰等罪。公差期間私自回家鄉不為大罪，馮允中也為北京御史，而負守備南京重責的內守備卻為此事上奏，顯然是為張翰脫罪。〔註176〕

南京中下級官員進謁守備太監，須長跪。張嶙，弘治間任南京兵部車駕司主事、員外郎，毛奇齡《西河集》卷七十三《張大司空傳》「當公遷車駕，時南京內守備太監故例，部司進謁長跪，公至揖不跪，太監怒詰以故例。公曰：『此何例也，如以例則請不跪，自嶙始以是為例，可乎？』監怒甚。中一人私謂曰：『此故上饒令也，予鎮江藩時知其人，容之。』」明廷的諭令傳至南京，由主事等官員手錄呈內守備，張嶙拒不執行，其上司南京兵部尚書還催促他，可見內守備之權勢，「例內降至留都，主事手錄呈內守備。公置不錄，尚書趣之。公曰：『主事豈史胥而任錄為？』後遂為例。」〔註177〕

南京內守備還常利用南京錦衣衛等機構維護自己的利益，明代高級宦官弟侄恩蔭得官多授錦衣衛職，宦官與錦衣衛自然保持緊密的聯繫，南京內守備亦如此。成化時西廠辦事人員韋瓚過南京，查悉都督李震與南京內守備覃包交結私通賄賂事，覃包以密帖命南京錦衣衛收捕審訊，韋瓚受刑承認作

〔註174〕《世宗實錄》卷四百三十六，《明實錄》47冊，7505頁。
〔註175〕《孝宗實錄》卷二十六，《明實錄》28冊，583頁。
〔註176〕《武宗實錄》卷二十六，《明實錄》34冊，689頁。
〔註177〕〔清〕毛奇齡《西河集》卷七十三《張大司空傳》，《景印文淵閣四庫全書》
　　　　1320冊，663頁。

偽，械送至京事大白，覃包撤職，調孝陵司香。〔註178〕正德十四年寧王宸濠之亂，劉琅爲南京內守備，私通宸濠。城中人傳言劉琅爲寧王內應。劉琅乃遣人緝捕言者，治以軍法，民眾驚懼。其侄劉奇即爲南京錦衣衛指揮。時太監廖鑾之侄、錦衣衛指揮廖鎧持兵率家丁守城，劉琅託爲察奸，執無罪者戮之。次年亂平，劉琅、廖鎧才得罪。〔註179〕

內守備的顯赫地位也可從內閣輔臣對其的態度看出，即便是大權在握的張居正在處理與內守備的關係上也很謹愼，力圖維持較好的私人關係，《張太岳先生文集》就有張居正寫給兩位南京內守備的書信。張居正萬曆元年至十年當政，兩位內守備一姓許，一姓喬號誠齋，二人生平事蹟待考。在給許姓內守備的信中於一番恭維之後又寄予自己的期望：「士大夫宦南中者稱公之賢如出一口，夫人有賈譽於一時而渝節於後日者，不誠故也。惟公令聞旁達，久而愈孚，此豈可以聲音笑貌僞爲之者哉！惟益堅雅志，以副厥終是望。」〔註180〕南京常常發生與內臣公幹有關的違法亂紀事件，往往引起朝野激憤，內守備首當其咎，張居正在與喬誠齋信中則加以安撫，他認同喬誠齋的說法，此類事件地方刁民也需負責，內臣也常被蒙蔽，無辜得咎。他將轉交有關衙門認眞處理：「南中差遣，公所措畫已極嚴密，自今奉差者恪守約束，必無事矣。驛遞積猾與各官跟隨棍徒通同爲奸，侵欺破冒，而內臣爲其蒙蔽，事發乃獨任咎弊，誠有之。奉教即示各衙門嚴加禁治。」〔註181〕

張居正還竭力調和外臣文武與內守備的矛盾，仍然是內臣惹是生非，南京官員要求朝廷嚴肅處理，而張居正則希望由內守備來處理內部事務：「進鮮內臣沿途生事從來已久，棍徒倚執妄爲，亦不盡內臣之咎，頃內守備喬誠齋自任處分，不穀遂獎而勗之。大疏一上，似攻其短，難以相處矣。不如勿上，庶不激而事濟，乃爲善也。」〔註182〕與其通信的凌雲翼萬曆七年、八年任參贊機務南京兵部尚書，時欲參劾進鮮內臣，張居正明知內臣之過，凌雲翼上疏所言在理，爲顧全大局，也只得勸告凌雲翼不要上疏，以免激化矛盾。此

〔註178〕《憲宗實錄》卷一百七十一，《明實錄》25冊，3100～3101頁。
〔註179〕《武宗實錄》卷一百七十六、一百八十二，《明實錄》37冊，3418頁、3530頁。
〔註180〕〔明〕張居正《張太岳先生文集》卷三十一《答南守備許樞使》，上海古籍出版社1984年，384頁。
〔註181〕〔明〕張居正《張太岳先生文集》卷三十一《答南守備樞使喬誠齋言治差役騷擾》，391頁。
〔註182〕〔明〕張居正《張太岳先生文集》卷三十一《答南兵部凌洋山言水災》，387頁。

書可見張居正在參贊機務與內守備之間調和的良苦用心。

　　張居正謹慎處理與南京內守備的關係亦見於申信一事上，萬曆二年南京中官張進醉辱南京給事中王頤，南京給事中楊節、北京給事中鄭岳交章論奏，未報。北京給事中趙參魯言張進乃南京內守備申信黨羽，不並治無以厭人心。「張居正以信方結馮保，遂奪岳等俸，謫參魯高安典史，以悅保。」〔註183〕此事明清史書多見記載，是非曲直毋庸置疑，張居正爲個人政治利益，明顯偏袒內守備申信一方，亦可見內守備之勢力之大。

　　南京內守備責任重大，權勢顯赫，與之相應的待遇也非常優厚，突出表現在對其弟、侄、義子的恩蔭上，明代高級宦官生前生後俱可乞恩授其家人官職，多爲錦衣衛職。「正德年間紀綱既紊，爵賞太濫。凡內臣物故，輒將弟侄廝養及親交技藝之人一概乞恩，傳升錦衣衛大小官職。始則或一二人，繼而則三五人，漸而至十餘人，極而至數十人。自列職銜，自注所司，自求管事，自定名數。」〔註184〕此種現象非只正德，自明中葉至明末，一直延續。成化五年夏四月庚寅，「升南京錦衣衛冠帶總旗李智所鎮撫，智太監李秉弟。」〔註185〕成化九年九月庚寅，「南京守備太監安寧爲其弟靳順乞官，特旨授所鎮撫，錦衣衛帶俸。」〔註186〕成化二十一年六月己亥，「調南京錦衣衛千戶張臻於福建永寧衛管事，不世襲，臻乃南京守備太監張本之弟，以恩得官。」〔註187〕弘治元年十二月戊午，「降福建永寧衛金門千戶所正千戶張臻、延平衛左千戶所正千戶蕭泰俱本所百戶。臻南京守備太監本之弟，泰司禮監太監敬之弟。」〔註188〕弘治十七年三月戊寅，「兵科給事中楊一渶上疏言近南京守備太監余慶弟思源、義男成同日授錦衣衛職。」〔註189〕正德三年夏四月癸巳，「錦衣衛左所正千戶石文義，南京守備太監岩之侄也。」〔註190〕正德十六年十一月丁巳太監黃偉蔭弟侄一人世襲錦衣衛百戶。〔註191〕

〔註183〕〔清〕陳鶴《明紀》卷三十九，《四庫未收書輯刊》，北京出版社2000年，陸輯6冊，587頁。

〔註184〕〔明〕夏言《夏桂洲先生文集》卷十二《請杜內臣傳乞疏》，《四庫全書存目叢書》集部74冊，560頁。

〔註185〕《憲宗實錄》卷六十七，《明實錄》23冊，1341頁。

〔註186〕《憲宗實錄》卷一百二十，《明實錄》24冊，2308頁。

〔註187〕《憲宗實錄》卷二百六十七，《明實錄》27冊，4519～4520頁。

〔註188〕《孝宗實錄》卷二十一，《明實錄》28冊，503頁。

〔註189〕《孝宗實錄》卷二百九，《明實錄》32冊，3891頁。

〔註190〕《武宗實錄》卷三十七，《明實錄》34冊，889頁。

〔註191〕《世宗實錄》卷八，《明實錄》38冊，292頁。

　　以上爲守備太監在任時，其弟、侄、義子等恩蔭得官。南京守備太監死後，其家人亦多受明廷優待。「南京守備司禮監太監戴義病故，遺下侄男家人戴錦等十一名，乞量賜職級，准充校尉等因。奉聖旨：戴錦、戴俊准各與做錦衣衛副千戶，其餘罷。」〔註192〕成化二十一年冬十月壬寅，「升南京錦衣衛指揮僉事黃琳爲指揮同知，與世襲百戶黃灝副千戶，所鎮撫黃淥，校尉黃潤，百戶黃澤、黃淇，所鎮撫黃澧、黃溶，冠帶總旗黃瑛襲爲百戶，俱管事，黃玉等六人充御馬監勇士。琳等以故太監黃賜家屬乞恩也。」〔註193〕以上黃琳等共計十五人，爲黃賜同姓親屬，九人世襲錦衣衛官職，六人御馬監勇士，此種優待外臣文武官員望塵莫及。更有甚者，家僮亦可授官，還是上述黃賜，成化二十三年五月丙寅，「升校尉黃涎爲南京錦衣衛所鎮撫，涎南京守備太監黃賜家僮也。」〔註194〕與黃賜相似的還有陳祖生，弘治十二年十月庚子，南京刑科給事中史後等奏請革去南京錦衣衛指揮僉事陳祿、所鎮撫陳玠及南京光祿寺監事陳璋近日傳升之職，以抑僥倖。吏兵二部覆奏請從所言。上不允。三人皆南京故守備太監陳祖生家人也。〔註195〕陳祖生家兩人任錦衣衛官，一人光祿寺官。

　　明廷對內守備家人的關照非只對特定之人，根據個人感情而定，而是制度性的，前所述黃賜家人黃琳任南京錦衣衛指揮同知在成化二十一年，後因事降級，正德二年時爲南京錦衣衛百戶的黃琳又乞復指揮僉事職，明廷命爲正千戶。此時距上次記載已二十多年，經歷了三位皇帝，可見明廷對內守備家人的優遇是一以貫之的。正德二年九月辛酉，「南京錦衣衛降級百戶黃琳奏乞復指揮僉事職，上命爲正千戶，仍改錦衣衛見任。琳已故太監賜侄也。」〔註196〕

　　南京內守備死後，祠宇、墓田亦得看護祭祀，其家人亦可藉此謀求蔭官，正德四年五月癸卯，「以故南京守備太監鄭強侄應天府學生節爲中書舍人，仍開住納粟，指揮銳及仁爲南京錦衣衛世襲百戶，守強墳墓，從其請也。」〔註197〕正德十三年六月己卯，「錦衣衛都指揮使廖鵬爲故南京司禮監太監廖

〔註192〕〔明〕夏言《夏桂洲先生文集》卷十二《請杜內臣傳乞疏》，《四庫全書存目叢書》集部 74 冊，560 頁。

〔註193〕《憲宗實錄》卷二百七十一，《明實錄》27 冊，4581 頁。

〔註194〕《憲宗實錄》卷二百九十，《明實錄》27 冊，4918 頁。

〔註195〕《孝宗實錄》卷一百五十五，《明實錄》31 冊，2775 頁。

〔註196〕《武宗實錄》卷三十，《明實錄》34 冊，761 頁。

〔註197〕《武宗實錄》卷五十，《明實錄》34 冊，1146 頁。

堂乞給南京錦衣衛軍校三十人守祠宇，並以次子錦衣都指揮僉事銳及副千戶全德改南京錦衣衛，家人廖洪等八人充錦衣校尉，俱奉祀墓田，請降護敕，內批皆許之。」〔註198〕此廖鵬投附太監廖堂，冒姓稱爲弟，其家人由此亦可得官。

　　內守備的所受優遇，也表現在對其所犯過錯的寬容甚至縱容上，正統二年冬十月，監察御史李在修等劾奏南京守備太監羅智、袁誠各縱奴殺人及販買輝筏，恃強入關不稅，其奴已爲御史韓陽擒治如律，羅智等當坐縱容之罪。羅智等認罪。明廷皆宥之。〔註199〕弘治元年四月，南京守禦浦子口指揮崔鈺爲守備太監陳祖生所棰而死，其母汪氏訴於朝。陳祖生亦具奏自辯，且謂鈺母之奏有嗾之者。命南京法司等審理，獄具，明廷以陳祖生擅於私第棰人，奏詞又多不實，當寘之法。以守備任重，姑釋之。〔註200〕正德十四年秋七月，時劉琅守備南京，城中人謂劉琅交通寧王爲之內應。劉琅乃遣人緝捕疏言者，治以軍法，民眾驚懼。於是給事中孫懋等具疏請罷劉琅歸私第，勿令與機務，其侄南京錦衣衛指揮劉奇亦勿令管事。明廷不作答覆。〔註201〕嘉靖五年四月戊午，南京廣西道御史仲選劾奏南京守備太監卜春、靖遠伯王瑾各貪暴不法事，宜罷免。明廷命特宥之。〔註202〕

　　弘治間內守備蔣琮的遭遇，充分顯示出明廷對內守備的庇護、偏袒。蔣琮，大興人，生卒不詳，張廷玉《明史》卷三〇四有傳，記其與南京官員相訐事，卷一八〇姜綰傳、卷一六八劉吉傳、卷一八二王恕傳等也記相關事蹟。蔣琮弘治元年至七年任南京守備太監。據《明實錄》記載，其先在北京，成化十五年至十七年任管理提督上林苑南海子太監，成化二十三年任印綬監太監。此人頗喜言事，孝宗即位不久即言少監梁芳、韋興、陳喜及謫戍人李孜省等邪術害正，費庫藏銀等，致使梁芳等下錦衣衛獄。後李孜省遇赦當還，蔣琮又言孜省等罪大不當赦，復械繫至京，下錦衣衛獄死。

　　明實錄記載蔣琮最早任南京守備太監的時間爲弘治元年八月，丁巳奏開啓揚州儀眞羅肆橋的通江港閘口，己未又奏請停止眞定、河間等陸路長垣壏塹之禦盜工程。〔註203〕前項奏議便於船隻航運，防止奸豪侵佔牽路，起蓋浮

〔註198〕《武宗實錄》卷一百六十三，《明實錄》37冊，3145頁。
〔註199〕《英宗實錄》卷三十五，《明實錄》13冊，682頁。
〔註200〕《孝宗實錄》卷十四，《明實錄》28冊，348頁。
〔註201〕《武宗實錄》卷一百七十六，《明實錄》37冊，3418頁。
〔註202〕《世宗實錄》卷六十三，《明實錄》39冊，1456頁。
〔註203〕《孝宗實錄》卷十七，《明實錄》28冊，422、424頁。

鋪漁利，後項奏議認爲此工程處曠野沙窪，一經風雨立就坍塌，且妨害農事。此兩項奏議所議之事，似合情理，前項工部覆奏，命巡撫官會同總兵官從公勘議以聞。後項上諭止之。但所涉事務，一在揚州，一在北直隸，都超出南京守備太監管轄範圍以外，可見其人勇於言事。當年九月，蔣琮又奏催督漕舟的官員責輕人玩，張家灣至儀眞壩增設巡河等官應取回，其事各由當地官員帶管。〔註204〕上述奏疏明廷都予採納。

蔣琮最爲人關注的是其與南京御史等相訐之事，這件對南京政壇造成較大影響的事件，即是弘治二年的蘆場之爭。此事起於成化初江浦縣界民眾在沿江地帶開墾田地，採取柴薪，並交納糧課。這些地方與南京內官監所屬蘆場相鄰，與南京內守備廳收納稅銀的廢官房酒樓、湖池相近。成化中葉黃賜任守備太監起，這些蘆場歲額租課由南京內守備等人收取。成化二十三年詔書令投獻山場湖蕩地土悉歸於民，當地民眾要求不再承擔歲租等。弘治二年二月明廷命南京監察御史姜綰核查此事，蔣琮屢以揭帖屬託，姜綰與其他御史聯名劾琮，共十罪，大抵爲與民爭利，假公濟私，變亂成法，妒害大臣，縱權生事等。乞下琮於理明正其罪。刑部覆奏認爲琮處事乖方，但姜綰等所言必須覆按。明廷命南京三法司審核。〔註205〕而在這之前弘治元年十月又有守備太監陳祖生與南京戶部主事盧錦、給事中方向等相訐事，明廷已命南京三法司審理。〔註206〕

弘治二年十月蔣琮上疏自辯，謂其在京嘗劾奏李孜省等罪狀黜其黨與，守備南京又嘗糾發諸司過犯，以此遭人連謀構陷。逐條辯駁綰等所言，又揭發御史劉愷、方岳及南京諸司違法事，又謂刑部尚書何喬新、主事曾望宏皆李孜省同鄉奸黨，而姜綰亦江西人，以故何喬新不詳虛實，附和加參。明廷有旨行南京法司一同審核，而此時太監郭鏞奉使兩廣過南京，御史孫紘等以擅遊禁地劾之，郭鏞還而自辯，因言盧錦、方向違法事多而言官蒙蔽不發，請遣官覆按。明廷又命太監何穆、大理寺少卿楊謐、錦衣衛指揮楊綱等調查此事。而姜綰、蔣琮又互相奏告。綰等凡四章，琮凡六章，於是皆發付何穆等人審查。姜綰、蔣琮案與陳祖生、盧錦、方向案以及郭鏞、孫紘三案合併調查。何穆等人調查結果認爲，姜綰、蔣琮案雙方都因個人恩怨，公報私仇。蔣琮過錯爲占管投獻蘆洲湖地，私囑勘官及擅收班匠工銀。而所訐御史等官

〔註204〕《孝宗實錄》卷十八，《明實錄》28 冊，433 頁。
〔註205〕《孝宗實錄》卷二十三，《明實錄》28 冊，531～532 頁。
〔註206〕《孝宗實錄》卷十九，《明實錄》28 冊，447 頁。

違法事，及何喬新、曾望宏爲李孜省奸黨其言皆誣。姜綰等過錯爲道辱監生，及失舉盧錦占種湖田事。而所劾蔣琮違法事如妄保內臣、批發狀詞亦多不實。請並加逮問。都察院議以爲何穆等所奏止是調查結果，無當事人答覆，雙方第二次奏告並未核實，請何穆等人覆查。此時姜綰及御史金章、劉遜、孫紘、紀傑、曹玉、譚蕭、徐禮、余濬等人已被逮，而琮所佔官房、酒樓地悉歸之官。〔註207〕

弘治三年正月辛未，明廷先對盧錦、方向案作出處理結果，戶部主事盧錦罷職爲民，方向爲雲南多羅驛驛丞。又牽連進應天府尹楊守隨等人，降楊守隨爲廣西布政司右參政，南京刑部郎中趙璧爲江西吉安府通判，南京大理寺左寺止聞釗爲湖廣華容縣知縣。〔註208〕

壬申，司禮監太監何穆、大理寺少卿楊謐等按核南京守備太監蔣琮及御史姜綰等互奏事狀，下都察院和刑部審議，法司認爲姜綰等行事多失，有乖風紀，蔣琮累陳辯辭，誣陷人罪，及太監陳祖生、鄭強等各因襲受獻洲場之類。又認爲審理此案的南京刑部侍郎阮勤、都察院僉都御史虞瑤、大理寺卿吳道宏、寺丞屠勳，擬罪不當，已致仕的南京工部尚書程宗、現任侍郎黃孔昭，因襲前弊，俱宜逮治。明廷最終處理結果偏袒蔣琮一方，認爲御史不顧大體，構詞訐奏，煩瀆朝廷，姜綰、劉遜、余濬、孫紘、繆樗、紀傑、方岳各降一級，劉愷降二級俱調外任。蔣琮亦有不實，姑宥之，太監陳祖生、鄭強、錢能等免問，南京工部及審理此案的黃孔昭、阮勤、虞瑤、吳道宏、屠勳各停俸三月。最後姜綰等調任州判官。

湖廣道監察御史張賓、刑科給事中趙竑、戶部尚書李敏、吏部尚書王恕等爲此上奏，認爲情同而罪不同，何以示勸懲於將來，罪同而罰異，似非公平正大之體。答覆是蔣琮守備重任，不宜輕動。〔註209〕

此案雙方一方是南京守備太監蔣琮、陳祖生，北京太監郭鏞，背後撐腰的是內閣首輔劉吉〔註210〕，另一方則是南京言官爲主。最終結果是蔣琮一方大獲全勝，己方未受責罰，對方八位御史降級外調，兩位侍郎，一位大理寺

〔註207〕《孝宗實錄》卷三十一，《明實錄》28冊，700～702頁。

〔註208〕《孝宗實錄》卷三十四，《明實錄》28冊，739～740頁。

〔註209〕《孝宗實錄》卷三十四，《明實錄》28冊，740～742，747～748，751～752頁。

〔註210〕〔清〕張廷玉《明史》卷三〇四蔣琮傳，卷一八〇姜綰傳、卷一六八劉吉傳、卷一八二王恕傳。

卿，一位僉都御史，一位大理寺丞罰俸。

此後蔣琮繼續與南京官員相攻訐，弘治七年蔣琮奏南京兵部郎中婁性逞威擅權、欺凌軍職、侵克在官皂隸銀諸不法事。明廷命刑科給事中任倫等勘問，琮覆奏任倫等阿附掩飾，又奏南京兵部員外郎袁廉侵欺馬快船價事，亦連婁性。南京廣洋衛指揮同知石文通亦奏琮開掘聚寶山，有傷皇陵王氣，及毆死商人，占役軍匠，侵奪官地，私造馬船諸罪。琮又屢奏不已，株連蔓引幾數百人，遂成大獄。刑部乃奏差司禮監太監趙忠同大理寺右少卿馬中錫、錦衣衛都指揮僉事楊榮會勘。獄具，婁性革職爲民，餘人坐罪有差。蔣琮亦被逮問。〔註211〕九月，明廷從輕判決，發孝陵，充淨軍種菜。〔註212〕

蔣琮之敗根本原因並非南京官員的監督得力，而是蔣琮得罪當朝高官，此時劉吉已倒臺，蔣琮無奧援又欲參劾高官而致敗。「琮稍通書史，好延接人士，自以爲人莫己若，南京科道等官忤之者多得罪，眾忿疾之而莫能去也。初琮訐性時，疑二當道者庇之，揚言欲舉二家不法事。二家恐，因文通欲奏琮，遂潛令增入開掘聚寶山事，始得正其罪云。」〔註213〕

六、對內守備權力的限制

儘管內守備位高權重，但在明代皇權高度專制的政治制度中，內守備也受到各級官員的監督，權力得到限制，以確保朱明王朝的絕對統治得以延續。明代各級機構官員，特別是文官，出於政治理想，君臣大義，或由於職責所在，不辱使命，亦或爲黨派相爭，個人意氣，對內守備的違法違紀行爲敢於監督，客觀上保證了留都南京守備制度的順利進行。

首先表現在言官的監督，明代專門負責對官員進行監察的機關爲都察院，有左、右都御史（正二品），左、右副都御史（正三品），左、右僉都御史（正四品）等中高級官員，又依十三布政司設十三道御史（正七品），各有專管，每道七至十一人不等，除專管領域以外，凡政事得失，軍民利病，皆得直言無避。明代又設吏、戶、禮、兵、刑、工六科。各都給事中一人（正七品），左、右給事中各一人（從七品），給事中（從七品），每科四至十人不等。各有主管領域，掌制敕、章疏等的審核，進言規諫，又有稽察六部百

〔註211〕《孝宗實錄》卷八十八，《明實錄》29 冊，1626～1627 頁。
〔註212〕《孝宗實錄》卷九十二，《明實錄》30 冊，1684 頁。
〔註213〕《孝宗實錄》卷九十二，《明實錄》30 冊，1685 頁。

司之責。御史與給事中通稱言官。南京都察院與六科人數少於北京都察院與六科，南京都察院右都御史一人，右副都御史一人，右僉都御史一人，各道御史二至三人不等，各職不全設，御史常一人兼數道。南京六科給事中共六人。另南京戶科給事中一員專管後湖黃冊。朝廷在北京，南京六科不管制敕、章疏等的審核，對官員的監察是其重要職責。監察御史與給事中雖然只是七品、從七品官員，但是位低權重，升遷也較快，頗為各方重視，對歷朝政壇局勢具有重大影響。

《明實錄》對言官的活動記載較多，其中就有很多彈劾南京內守備的記載，其中有些劾奏被朝廷完全採納，對內守備的權責起到了監督和限制作用。弘治元年三月己丑，「命前南京守備太監錢能仍南京閒住，不許來京。時南京監察御史吳泰等言能嘗鎮守雲南及守備南京貪暴太甚，今雖休退，其求進之心未已，宜早禁而預絕之。故有是命。」〔註214〕正德七年秋七月壬午，南京十三道御史汪正等劾奏太監崔安近以內降主管留鑰，亦宜取回。得旨崔安召還。〔註215〕正德十五年春正月丙申，初南京守備太監劉琅納宸濠重賂，謀為內應。及聞變，太監廖鑾之姪指揮鎧持兵率家丁分佈城中，琅復託為察奸，執無罪者戮之。城中人人皆憂危，南京御史楊必進等以聞，有旨罷琅，令南京閒住。鎧還原衛帶俸。〔註216〕正德十六年六月乙未巡按直隸御史曹軒劾奏南京司禮監已故太監廖堂依附劉瑾、錢寧、江彬夤緣鎮守，鬻貨殃民，弟姪廖鵬等冒濫錦衣官校諸不法事。並論南京守備太監廖鑾為堂謀主，同惡相濟，宜寘重典，為朝廷採納。〔註217〕嘉靖八年五月己未兵科糾劾南京守備太監卜春、王堂各奸利不法事。上納其言，詔春、堂革任閒住，以太監賴義、呂憲、李瓛往代之。〔註218〕嘉靖九年十月癸酉南京兵科給事中秦鰲上言南京內外守備三弊，一投托，二役占，三威虐，並劾魏國公徐鵬舉、太監賴義奸利不法事。朝廷以徐鵬舉勳戚大臣姑宥之，戒令改過自新。賴義罷回京。餘皆如議。〔註219〕嘉靖二十六年六月庚寅，南京守備司禮監左少監丘得言南京兵部奏革諸司役占，而守備公署直廳軍概在革中，仍乞撥

〔註214〕《孝宗實錄》卷十二，《明實錄》28冊，287頁。
〔註215〕《武宗實錄》卷九十，《明實錄》35冊，1924頁。
〔註216〕《武宗實錄》卷一百八十二，《明實錄》37冊，3523～3524頁。
〔註217〕《世宗實錄》卷三，《明實錄》38冊，137～138頁。
〔註218〕《世宗實錄》卷一百一，《明實錄》41冊，2395～2396頁。
〔註219〕《世宗實錄》卷一百十八，《明實錄》41冊，2813～2814頁。

賜。得旨准照舊例與六十名應役。南京科道官雷賀、方克得劾丘得係逆犯江彬等餘黨，得免死發孝陵衛充軍，夤緣起用，已為幸矣。往年清革占役，兩奉明旨，有妄請及隱占者，聽科道官糾奏，而得故違冒請無忌，宜正其罪。朝廷從其言，命革去新增軍丁，丘得仍充淨軍。〔註 220〕萬曆十一年六月辛未，南京內守備張廷於孝陵寢殿捕司香內官李綵等，檄鎖皇城內。南京給事中馮景隆、御史孟一脈交劾其震驚寢廟，大不敬。得旨：張廷革了任，著彼處閒住。〔註 221〕

　　言官對南京內守備的劾奏有些沒有被採納或完全採納，但也起到了震懾作用，內守備之氣勢大為收斂，正德元年六月乙丑守備南京御用監太監劉雲歷敘功次，為其養子偉乞升錦衣衛千戶。給事中艾洪等劾劉雲昔在大同以失誤軍機被劾，改鎮陝西以誅求恣橫被劾，今又為子求官，乞革劉雲守備，兵部請如艾洪等言。詔守備已有成命，偉所請不行。然亦不之罪也。〔註 222〕正德六年十二月辛卯兵部覆都給事中孫禎等劾奏鎮守河南太監廖堂、守備南京太監彭恕大肆奸貪，流毒遠近，皆聽信其下錦衣衛指揮廖鵬、楊瓚等導引所致。乞將鵬等革職逮治。得旨：鵬已有旨，並同時參隨官俱令回衛帶俸。瓚等姑免究，亦各令回原衛，不許在彼潛住。〔註 223〕正德八年十二月乙未朔南京六科給事中史魯等劾奏守備太監劉琅先年守備毒害軍民，今聞復用，人心驚怖，請令照舊閒住。朝廷命劉琅安靜行事，毋再致人言。〔註 224〕嘉靖三年五月甲戌守備南京內官監太監王堂請撥孝陵等衛軍三十名看守房屋，已得旨許之。兵科都給事中安磐參劾王堂欺慢，請追寢前命，勒堂閒住以示懲罰。疏入報聞。後南京御史唐勳等合疏劾王堂，乞明正其罪，章下所司。〔註 225〕嘉靖四年閏十二月己未，初有旨添設南京守備太監卜春，南京御史王獻等以為冗濫，疏請停革。兵部覆議南京守備已增至三員，若添設愈多，則職掌不一具，南京歲災民困，一切供用皆取諸民，乞俯察停革，以重根本。詔如前旨。〔註 226〕嘉靖五年四月戊午，南京廣西道御史仲選劾奏南

〔註 220〕《世宗實錄》卷三百二十四，《明實錄》45 冊，6003～6004 頁。
〔註 221〕《神宗實錄》卷一百三十八，《明實錄》54 冊，2578～2579 頁。
〔註 222〕《武宗實錄》卷十四，《明實錄》33 冊，426 頁。
〔註 223〕《武宗實錄》卷八十二，《明實錄》35 冊，1779 頁。
〔註 224〕《武宗實錄》卷一百七，《明實錄》36 冊，2185 頁。
〔註 225〕《世宗實錄》卷三十九，《明實錄》39 冊，991 頁。
〔註 226〕《世宗實錄》卷五十九，《明實錄》39 冊，1397 頁。

京守備太監卜春、靖遠伯王瑾各貪暴不法事，宜罷。上特宥之。〔註 227〕嘉靖二十三年六月己丑，時南京守備太監丘得奏請添撥軍丁九十人本監供役，朝廷已允之。給事中萬虞愷、御史周倫各劾奏丘得欺罔宜罪，兵部議姑念丘得初任免罪，仍敕諸司不得逾額佔用。朝廷命從部議。〔註 228〕隆慶六年六月壬午南京刑科給事中周守愚參守備太監張宏擅止營操，言張宏違制市恩，略無顧忌，乞按法正罪，朝廷命報聞。〔註 229〕萬曆二年六月乙丑，南吏科給事中史朝鉉劾守備太監申信先年差往湖廣，強取藉沒銀以充囊橐。頃在南京暴戾貪殘，賄賂公行，請亟賜罷斥，嚴行勘問贓罪。報聞。河南等道御史吳從憲等亦言被劾事情合敕下南京該衙門從公體勘。朝廷不從。〔註 230〕

　　除言官外，南北二京六部等機構各級官員對內守備的權力也起到限制、監督作用。明代史書也多有記載。正德元年三月丁未，南京東安門皇牆脊瓦並大報恩寺塔以雷震而損。守備太監傅容等既修葺皇牆，乃奏欲並修寺塔。工部議請已之。朝廷從其言。〔註 231〕正德六年六月丁酉，南京兵部尚書柴昇等會奏：守備內臣舊設不過一二員，近增至六七，所帶弟侄參從各不下十人，乘馬從徒糜費廩食。又役占營卒，私置莊店，侵並民利，怨讟滋生。請察其賢者留二三人，以復舊規。朝廷下其章於所司。〔註 232〕正德六年秋七月辛酉兵部覆尚書柴昇等所奏，若守備內臣數多，請上裁。得旨守備官生事害民者已有旨禁約，如彭恕招權網利其尤甚者，其革之，令南京御馬監僉書。餘悉如議。〔註 233〕嘉靖九年八月甲戌，戶部覆南京光祿寺卿歐陽鐸疏二事：大官署每歲放支糧米，科道官監收督察為法已嚴。每週開倉之始，內守備得遣官盤驗，徒滋耗折，所當裁革。詔俱如議行。〔註 234〕嘉靖元年正月庚戌，時南京兵部尚書喬宇奏裁上供船數，視弘治間減十之四、正德間減十之七。朝廷皆從之。至是諸監局內臣競請乞如正德中例，守備太監戴義以聞。兵部執奏：詔既出，不宜紛更。得旨：如弘治年例，以後不許再議增減。〔註 235〕

〔註 227〕《世宗實錄》卷六十三，《明實錄》39 冊，1456～1457 頁。
〔註 228〕《世宗實錄》卷二百八十七，《明實錄》44 冊，5546～5547 頁。
〔註 229〕《神宗實錄》卷二，《明實錄》51 冊，62 頁。
〔註 230〕《神宗實錄》卷二十六，《明實錄》51 冊，657 頁。
〔註 231〕《武宗實錄》卷十一，《明實錄》33 冊，360 頁。
〔註 232〕《武宗實錄》卷七十六，《明實錄》35 冊，1671 頁。
〔註 233〕《武宗實錄》卷七十七，《明實錄》35 冊，1690 頁。
〔註 234〕《世宗實錄》卷一百十六，《明實錄》41 冊，2751 頁。
〔註 235〕《世宗實錄》卷十，《明實錄》38 冊，365～366 頁。

嘉靖九年九月庚子，初南京兵部奉旨裁省諸司進貢快船，南京守備太監賴義復以船不足運具疏請益，詔下南京兵部，尚書王廷相等覆奏言：「今則法久弊生，管運內臣乃有假進貢以規利者，撥船之際虛張品物，務求多船，以濟己私，蓋緣未辨其輕重多寡，故不能盡發其欺隱而折其僞辭。今臣等查議先論其物之輕重，次計其扛之多寡，後定其船隻之數目，雖有奸貪，欲求多撥不可得矣。」朝廷命俱依擬行，著爲定例。自後敢有假託增用害人者，科道官指名參奏。〔註236〕

七、內守備的作用

內臣在明代政治體制中佔據重要地位，與外臣文武官員共同構成了明代官僚統治階層，爲皇權服務，內臣往往憑藉其特殊地位凌駕於文武官員之上。而在面對重大事件時，也離不開其重要作用。孟森《明史講義》：「明中葉以後，朝廷大事，成敗得失，皆繫於閹人之贊否，興安之於于謙，張永之於王守仁，馮保之於張居正，事皆然矣。」〔註237〕留都南京守備制度的運行也是如此，嘉靖間任南京翰林院孔目的何良俊在《四友齋叢說》言及正德間事：「武宗南巡時，喬白岩爲參贊機務。寇天敘爲應天府丞，時缺府尹，寇署印。太監王（黃）偉爲內守備。三人者同謀協力，持正不撓，故保南京無虞。不然禍且不測矣。」〔註238〕喬白岩爲參贊機務南京兵部尚書喬宇，寇天敘爲署應天府尹。時權臣江彬不可一世，武宗南巡駐蹕南京，江彬趁勢胡作非爲，如果不是內守備黃偉憑藉與武宗東宮舊臣的特殊關係加以抵制，南京所受禍害更大。二百多年裏，留都南京的穩定平安，是和內守備認眞履行職責，與南京文武官員通力合作分不開的。

涉及民政事務的有賑災，每當南京發生饑荒，內守備往往奏明朝廷發糧救濟，見於記錄的有弘治間的傅容，弘治十六年九月丁丑，「南京守備太監傅容等奏：應天及鳳廬二府並滁和二州大旱災重，民窮盜發，欲將南京戶部所收水兌餘米差官給賑。戶部議請如奏。」明廷下令賑濟。〔註239〕嘉靖間的秦文，嘉靖三年二月甲寅，戶部言：近該南京守備太監秦文、魏國公徐鵬舉、

〔註236〕《世宗實錄》卷一百十七，《明實錄》41冊，2770～2772頁。
〔註237〕孟森《明史講義》，中華書局2009年，255頁。
〔註238〕〔明〕何良俊《四友齋叢說》卷六，《明代筆記小說大觀》，910頁。
〔註239〕《孝宗實錄》卷二百三，《明實錄》32冊，3780頁。

侍郎席書、御史朱衣各疏報災請賑。〔註 240〕萬曆間的劉朝用，萬曆三十六年六月丙子南京守備太監劉朝用報江潮水災，乞行賑濟修省。得旨：留都重地水患異常，百姓漂沒，合行修省賑濟事宜，令該部議。〔註 241〕《客座贅語》又記成化間的王敏，「成化二年，南京饑荒，守備太監王（敏）某等，奏准開倉糶米四萬石，以濟饑民。又令應天府關領糧米，在於街市糶賣，止收銅錢，不必勒要銀兩，聽令饑民得以零碎糶買。」〔註 242〕涉及民政事務的還有減輕稅收，正統八年秋七月壬午，「南京守備太監劉寧奏先因鈔法不通，戶部奏准差人於各城門徵收軍民人等驢馱柴米等物出入者鈔貫，今鈔法通行，乞敕戶部免收。從之。」〔註 243〕以上措施旨在保證留都穩定，減輕民眾負擔，收到很好的效果。

與此相似的還有針對官員軍人的措施，特別是對下級官員的安撫，如增加官員的供給，成化二年三月辛亥，「復南京官吏戶口食鹽之半，其數毋踰十五口。先是以兩淮運司鹽課多缺，暫將南京官吏戶口食鹽停止。至是守備太監王敏等言京師鹽價踴貴，請復其舊。戶部請折半與之，故有是命。」〔註 244〕比起之前的幾個朝代，明代官員待遇很低，此類措施亦可維持官員隊伍的穩定。明代軍人除須完成各種繁重的勞役，還要從事各種雜差，為權貴無償使用，自身待遇卻很低，勉強維持家庭。如軍人在外，家人領祿米就很不便，內守備劉寧上奏朝廷，為軍士排憂解難，正統八年冬十月庚子，「南京守備太監劉寧言南京各衛倉六十餘處，巡視官關防不周，奸弊滋甚。近年令軍士循次於有米倉分支給。又有離倉遠者，其公差運糧操江等項軍士家小關支不便。」最後的解決措施是以南京鼓樓為中，官軍居鼓樓以南者定以南倉支給，居鼓樓以北者定以北倉支給。〔註 245〕

內守備最重要的職責是維護留都的安全穩定，有關留都防務的工作內守備也作出了自己的貢獻，天順間內守備周禮奏新江口操江戰船歲久朽敝，請敕南京工部備料修造。〔註 246〕內守備懷忠等官以教場演武廳房屋朽敝，請命

〔註 240〕《世宗實錄》卷三十六，《明實錄》39 冊，905 頁。
〔註 241〕《神宗實錄》卷四百四十七，《明實錄》61 冊，8475 頁。
〔註 242〕〔明〕顧起元《客座贅語》卷十，南京出版社 2009 年，285 頁。
〔註 243〕《英宗實錄》卷一百六，《明實錄》15 冊，2164 頁。
〔註 244〕《憲宗實錄》卷二十七，《明實錄》22 冊，533 頁。
〔註 245〕《英宗實錄》卷一百九，《明實錄》15 冊，2209～2210 頁。
〔註 246〕《英宗實錄》卷三百二，《明實錄》21 冊，6404 頁。

南京工部修理。〔註247〕成化間內守備王敏等奏近巡捕鹽徒，巡船修造未完，欲借馬船一十六艘暫以充數。〔註248〕成化二年二月浙江安吉縣賊徒千餘劫掠南直隸寧國縣居民財物，內守備王敏奏聞。〔註249〕正德間內守備黃偉奏請免去南京坐營都督張海充當進聖節表的差使，留其備禦流賊。〔註250〕以上建議都被明廷採納。

內守備又一個重要作用是監督官員，保證留都南京政治秩序的穩定。這是與內守備特殊的身份離不開的，作為內臣，與外臣文武官員的關係不太緊密，本身責任重大，權力顯赫，可以起到很好的監督作用。如正統間橫行留都的齊韶製造的冤案，就是由於內守備劉寧的上奏，才得以平反。正統十三年，南京水軍右衛指揮僉事賈福被其異姓姻戚陳珓冒爭官職，南京刑部右侍郎齊韶必欲奪賈福官與陳珓。大理少卿廖莊疑駁此案，廣東道御史張春、曹得、趙雯索陳珓審理，齊韶復不遣，遂杖死賈福。鎮守太監劉寧奏之。詔逮齊韶。齊韶嘗稱太監王振為鄉親，錦衣衛指揮王山、王林為侄，恃勢逞威，凌壓部官。蒞任一載，獄囚為淹斃死者百二十餘人，百戶史宣侄女已被選召，受賜歸。齊韶托駙馬趙輝、兵部侍郎徐琦逼之，取為妻。又僭買永嘉大長公主府臥床三。最終朝廷命將齊韶斬於市。駙馬趙輝、參贊機務兵部侍郎徐琦亦認罪。〔註251〕此案牽連甚廣，不僅有南京刑部右侍郎齊韶，還包括南京掌左軍都督府事駙馬都尉趙輝、參贊機務南京兵部右侍郎徐琦等，結果冤案大白，不法權貴受到懲處。此案最初由於牽涉高層，南京高級文武官員官官相護，如果沒有內守備劉寧憑藉其權力和身份秉實上奏，此案很難真相大白。

弘治間的內守備也上奏民間冤情，揭發橫行鄉里的官僚惡霸，保一方安寧。弘治間，南京工科給事中趙欽，恃勢橫行鄉里，迫鄉民鬻其墓而遷之他所，前後凡十有二冢。其居所舊有泉，民資以灌溉，趙欽鑿溝引泉圍繞其第，獨擅水利，所居室皆過制。妻死治葬，又發宋葉學士墓而碎其誌石，巡撫都御史彭禮遣人往助役，趙欽乃人索其直。又以財物貸人，倍取其息，過期不償者，輒強取田宅子女。有家奴盜財，誣民家受寄而詐取之。歲饑官發粟賑

〔註247〕《英宗實錄》卷三百四十九，《明實錄》21 冊，7030 頁。

〔註248〕《憲宗實錄》卷二十五，《明實錄》22 冊，502 頁。

〔註249〕《憲宗實錄》卷二十六，《明實錄》22 冊，520 頁。

〔註250〕《武宗實錄》卷七十七，《明實錄》36 冊，1685 頁。

〔註251〕《英宗實錄》卷一百六十八、卷一百六十九，《明實錄》17 冊，3246～3247 頁、3267 頁。

濟，又冒支稻穀四十餘石。鄉民余浩等百餘人各訴其不法，南京守備太監以聞。最後判決趙欽當絞。彭禮已去任宥之。〔註252〕

明代的御史位低權重，即高官權貴也憚忌三分，御史也有依仗其勢，胡作非爲者，內守備對御史的監督也維持了言官隊伍的廉潔自律。正德十年監察御史施儒巡按應天等府，嘗出城，守門軍人請職銜以報守備衙門，施儒怒其輕已，執治之。軍人因誣服守門私騙人財，發外衛充軍。於是守備太監黃偉、魏國公徐俌等不能平，奏儒擅作威福並及其初至時不先謁孝陵，枉道還家等事，命錦衣衛執儒至京掠訊。儒具服罪，法司擬故入人罪律，贖杖還職，詔特黜爲民。〔註253〕

內守備也較注重保持與南京官員的良好關係，客觀上爲守備制度的運行創造了條件，內守備雖然權勢顯赫，對南京官員中聲名卓著，眾望所歸的官員，也常常尊敬有加，如景泰間薛瑄，《中州人物考》卷一《薛文清瑄》載：「明年（景泰二年）升南京大理寺卿，守備中官興安、袁誠，時無抗禮者，瑄至，安謂人曰：『此與王振作對頭者，何可屈耶？』午節饋扇，瑄曰：『此朝廷禮，不敢受。』」〔註254〕弘治間內守備陳祖生對時任南京吏部尚書的張悅也非常敬重，《本朝分省人物考》載：「（弘治）六年升南京右都御史，振厲風紀，臺中肅然。八年升南京吏部尚書，鎮定簡靜，上下安之，雖中官亦加敬禮。守備太監陳祖（生）嘗設席，獨延上坐，弟侄問更召何人，曰：他人豈可同此席？」〔註255〕

李廷機萬曆二十六年六月至萬曆二十九年九月任南京吏部右侍郎，在其文集中生動地記述了守備太監的言語，表明不可一世的內守備對南京大臣亦有迎合拉攏的一面：「南京守備太監邢隆，每余至，攝衣迎曰：『李爺！李爺！你吃南京一口水耳！』一日閱外城，太監劉朝用設席，見修葺完整，揖余曰：『善哉城垣！老先生勞苦矣！會須重設一席謝老先生也。』余葺長干里飯堂，有小內豎酗酒於堂內，或告劉，劉捉豎叱曰：『汝看飯堂是何人所葺！』棰之幾斃。群閹見二瑄與余善，皆憚余，即有妄求，余直拒之。」〔註256〕此事當

〔註252〕《孝宗實錄》卷二百十八，《明實錄》32冊，4112頁。
〔註253〕《武宗實錄》卷一百三十，《明實錄》36冊，2595頁。
〔註254〕〔清〕孫奇逢《中州人物考》，《景印文淵閣四庫全書》458冊，5頁。
〔註255〕〔明〕過庭訓《本朝分省人物考》卷二十五張悅，《續修四庫全書》533冊，513頁。
〔註256〕〔明〕李廷機《李文節集》，《四庫禁燬書叢刊》史部44冊，693頁。

發生在萬曆二十八年，時李廷機以南京吏部右侍郎署南京工部事，修葺南京城郭由南京工部主管。

內守備也注重與北京當政者保持良好的私人關係，多有私信往來，將一些公文裏難以言及的苦衷加以表白，希望執政者的體諒和幫助，如前所舉萬曆初的內守備喬誠齋就有書信與張居正，表明內臣公差造成的騷擾，地方當局也應承擔責任，得到張居正的諒解：「南中差遣，公所措畫已極嚴密，自今奉差者恪守約束，必無事矣。驛遞積猾與各官跟隨棍徒通同為奸，侵欺破冒而內臣為其蒙蔽，事發乃獨任咎弊，誠有之。奉教即示各衙門嚴加禁治。」〔註257〕喬誠齋與張居正關係比較密切，一些公事通過公文表達以後，又以書信囑託，確保自己的建議被當局採納，可見其頗為用心，張居正也及時回覆：「辱華翰深荷雅情，別揭所言，驛傳宿弊可謂曲盡，大疏即屬本兵議覆，必痛加釐革而後積蠹可除，地方蒙利也。公事事留心，具見忠猷，不縠忝辱素愛，不勝欣仰。」〔註258〕對其心意表示理解。

同時也應該看到，南京內守備制度本身也有缺陷，其責權範圍模糊，因而常常發生內守備侵權生事，不利於內外文武官員的通力協作，違背了設立內守備的初衷。南京文武官員都有明確的職能劃分，見之於皇帝所下詔命和《諸司職掌》、萬曆《大明會典》及各機構所修的志書中，南京內守備的職責則不見記載，偶見於皇帝所下敕書中簡單的表述，《王端毅奏議》卷四《回報守備太監黃賜到任奏狀》；「節該欽奉敕：今命太監黃賜與爾等一同守備，凡事必須與之協和，計議停當而行，欽此，欽遵。」〔註259〕於此可見，南京內守備職掌廣泛，南京內府各監局、孝陵神宮監等機構歸其主管，留都南京的軍國大事與外守備、參贊機務等共管，除此之外又有許多涉及政府日常工作，民生事務，司法訴訟等，如果內守備能夠認真履行職責，恪守法度，對南京平安穩定能起到積極作用，相反則導致官民對立，內外官員不和，此類事件時常發生。

內守備的職責本是守土安民，造福地方，可實際上卻又常常擾民生事，為害一方。正德六年六月，南京兵部尚書柴昇等奏內守備擾民之害：「守備內臣舊設不過一二員，近增至六七，所帶弟侄參從各不下十人，乘馬從徒，靡

〔註257〕〔明〕張居正《張太岳先生文集》卷三十一《答南守備樞使喬誠齋言治差役騷擾》，391頁。
〔註258〕〔明〕張居正《張太岳先生文集》卷三十二《答南京守備樞使喬誠齋》，405頁。
〔註259〕〔明〕王恕《王端毅奏議》，《景印文淵閣四庫全書》427冊，518頁。

費廩食。又役占營卒，私置莊店，侵並民利，怨讟滋生，乞察其賢者留二三人，以復舊規。」「頻歲差官織造御服及充貢蟒衣，各監局守備衙門又指稱進貢，佔據機房，抑買絲料，匠藝失業，商貨不通。」〔註260〕

內守備常利用自己的職權營私舞弊，這其中最顯著的就是占役。明代民眾按戶籍分為民戶、軍戶、匠戶，子承父業，各行其職。民戶務農，繳納糧稅，承擔徭役。軍戶從軍，戍邊鎮守，操練屯田。匠戶製作，百工建設，官府服差。內守備出於自己營私謀利，或是本部門的利益需求，想方設法非法役使軍民，加重了民眾負擔。弘治年間，南京上元、江寧二縣歲撥夫二百供南京內府花園澆灌之役，民頗受其擾。弘治三年正月，左都御史馬文升及應天府丞冀綺請罷之，守備太監陳祖生等乞存留。最後按天順八年詔例，減至八十名。〔註261〕正德三年三月，時任南京內守備的劉琅，因自己負責的內官監工作浩繁為由，奏請收取一千餘名工匠，分廩於南京諸衛以備用。工部審議此事，認為南京工作較少，也無收取備用的舊例，主張不採納此奏。最終明廷下令，特許收取七百名琉璃匠在內官監教習。〔註262〕嘉靖三年五月南京內守備王堂請撥孝陵等衛軍三十名看守房屋。得旨許之。〔註263〕嘉靖二十三年六月內守備丘得奏請添撥軍丁九十人本監供役。朝廷已允之。南京兵部言其所用諸色人役已逾一百名，南京言官也劾奏丘得欺罔之罪，朝廷命兵部審議，最終處理結果罷添撥軍丁，丘得免究。〔註264〕

在內守備的帶動引導下，南京宦官各機構紛紛傚仿，大量非法佔用役夫，謀取私利。正德元年，南京給事中牧相、監察御史呂鎧奉旨清查南京御馬監馬匹，疏奏：「一軍足以飼一馬，本監見馬僅八十九匹，而養馬旗軍役占至七百餘名，皆按月輸錢。又有看守金鞍庫料豆倉等餘丁三百名，此濫役之弊也。」〔註265〕正德九年夏四月都察院右副都御史王繽以乾清宮災陳言四事，其一為處驛遞以蘇民困：「應天府龍江驛遞差役浩繁，欽差針工巾帽二局內官六員，取占驛所夫二百五十餘名，親下鄉追取傭錢，並提督織造太監吳經、成造樂器袍服左監丞林秀等行取驛遞船隻人夫，亦每月責官吏追納

〔註260〕《武宗實錄》卷七十六，《明實錄》35冊，1671頁。
〔註261〕《孝宗實錄》卷三十四，《明實錄》28冊，742頁。
〔註262〕《武宗實錄》卷三十六，《明實錄》34冊，867頁。
〔註263〕《世宗實錄》卷三十九，《明實錄》39冊，991頁。
〔註264〕《世宗實錄》卷二百八十七，《明實錄》44冊，5546～5547頁。
〔註265〕《武宗實錄》卷十八，《明實錄》33冊，535頁。

傭錢。及南京尚膳監管取鱘魚內官取占船隻人夫共一百二十名，佔用所夫二百九十七名。」〔註266〕嘉靖二年正月，南京守備魏國公徐鵬舉等奉旨會議應天府匠役人夫：南京司禮監神帛堂匠役，洪武時定額四百戶，後太監安寧奏增四十戶俱免雜差，奸民利之，夤緣竄籍其中至一千一百十四戶，頃奉明詔以正德時投充者革去百八十九名，而該監仍復護留。請查舊例，復四百四十戶之數。餘盡革之。南京內府九庫，洪武時額編庫夫五十七名，宣德成化間有修理之役，暫借人夫百五十一名，工竣僅以二十三名發回兩縣，而占留百二十八名。南京裏外花園原額匠九十名，而後復借占八十名。南京內官監，原額軍民匠三千九百餘名。天順間復借占百五十五名，俱非制，宜盡查革。南京鱘魚廠歲取里長二十名，索銀二十兩，正德時復倍取其數。起運內臣索茶果銀百二十兩，水夫銀二百兩，及鮮魟將發，又取夫四千三百有奇，民不堪命，宜有以禁之。兵部覆議。明廷命俱遵舊例。〔註267〕嘉靖十一年十一月辛未，此前南京科道奉例查革南京司禮監神帛堂匠役黃謙等三百餘名，適分建郊祀，詔添造製帛等項，該監太監李繢遂以工多人少為詞復請存留，疏凡三上。朝廷以製帛禮神重典特許之。〔註268〕

萬曆朝，內守備奉旨於南直隸寧國、池州、徽州等府開礦徵稅，後又奉命查勘沿江蘆洲田土錢糧等，最為民害，萬曆二十八年五月己未，南京內守備邢隆進贓罰銀七百餘兩，礦銀四千一百餘兩。三天後應天巡按牛應元奏言邢隆：「索借寧國府縣庫備賑官銀，假充樣銀。索借徽州府庫備賑官銀，假充正銀進獻。」所謂礦銀均係挪借官府救災所用的賑銀。「礦實無銀，得不償費。徒傷孝陵龍脈，且受奸人告訐嚇詐，流毒甚慘，乞賜停止。不報。」〔註269〕萬曆二十八年六月鳳陽巡撫李三才上言礦稅之害：「礦稅煩興，萬民失業，朝野囂然，莫知所計。」言其轄區內：「千里之途，中使四布，棋置星羅，如捕叛亡，無賴亡命，翼如虎狼。」〔註270〕萬曆二十九年六月應天巡撫曹時聘奏言：「南京守備太監邢隆、劉朝用催徽州等處春季包礦銀兩，挪借有盡，需索無已。」〔註271〕萬曆三十年四月朝廷命內守備邢隆徵收徽

〔註266〕《武宗實錄》卷一百十一，《明實錄》36 冊，2274 頁。

〔註267〕《世宗實錄》卷二十二，《明實錄》38 冊，648～650 頁。

〔註268〕《世宗實錄》卷一百四十四，《明實錄》42 冊，3355 頁。

〔註269〕《神宗實錄》卷三百四十七，《明實錄》59 冊，6482～6483 頁。

〔註270〕《神宗實錄》卷三百四十八，《明實錄》59 冊，6493 頁。

〔註271〕《神宗實錄》卷三百六十，《明實錄》59 冊，6726 頁。

寧二府買產稅契銀，六月廣西道御史金忠士疏劾內守備邢隆奏用土民吳良輔
鑽刺殃民，狗私釀禍。〔註272〕

　　南京作為明代南方最重要的政治、經濟、軍事中心，設五府六部都察院
等文武機構，各司其職，守備留都，供億北方，對整個國家的繁榮穩定發揮
重要的作用，內守備常常侵權生事，與南京政府官員發生矛盾，影響各機構
正常行使職權，降低政府運行效率，對南京政治體制的正常運作造成嚴重影
響。

　　南京戶部。畢自嚴天啓間任南京戶部尚書，魏忠賢命其黨羽內守備劉
敬、楊國瑞要求畢自嚴變動南京太僕寺牧馬草場價格，此事又涉及南京太僕
寺。對南京戶部官員更是囂張跋扈。「憶丙寅歲（天啓六年）臣待罪留計，
維時逆瑄擅權，搜括天下帑藏，一日內守備太監劉敬、楊國瑞詣臣私寓，以
南京太僕寺牧馬草場變價事傳逆瑄意，令臣為之。臣以職掌弗關，迎合可恥，
堅辭不任。且國瑞為逆瑄乾子，每有文移向部索取年例錢糧，咆哮殊甚。」
〔註273〕

　　南京禮部。成化間任南京吏部右侍郎、南京禮部左侍郎的尹直記內守備
對南京禮部職掌的擅奪。成化前，南京大臣依照品秩用涼傘，成化間守備太
監覃褒以自己無涼傘之制，遂以北京大臣不用傘之例，言南都大臣不得擅用，
南京禮部侍郎章大經與之辯論，至取《大明禮制》為據。覃褒次日即進本請
禁止。南京高級官員最後只好「乃於暑月各製長柄大扇遮日。」〔註274〕

　　南京兵部。南京衛所所設水軍船隻由南京兵部主管，這些船隻又常由南
京內府各監局上供所用，內臣往往以此謀利，因而在船隻管理上常常與南京
兵部發生衝突。嘉靖登極，詔裁進鮮船隻，南京兵部尚書喬宇奏裁船數，視
弘治間減十之四，正德間減十之七，朝廷從之。南京各監局內臣競請復正德
舊例，內守備戴義奏聞。兵部覆議不從其奏，而明廷命改從弘治間例，則盡
改喬宇所奏船數。〔註275〕此為嘉靖元年事，嘉靖九年南京內守備賴義又以船
隻不足，上疏請益。朝廷下詔南京兵部審議，尚書王廷相等言內臣請增船隻

〔註272〕《神宗實錄》卷三百七十一、卷三百七十三，《明實錄》60冊，6959頁、7014
　　　　頁。
〔註273〕〔明〕畢自嚴《石隱園藏稿》卷六《起大司農初辭疏》，《景印文淵閣四庫全
　　　　書》1293冊，540頁。
〔註274〕〔明〕尹直《謇齋瑣綴錄》卷八，《四庫全書存目叢書》子部239冊，411頁。
〔註275〕《世宗實錄》卷十，《明實錄》38冊，365～366頁。

的實質是：「管運內臣乃有假進貢以規利者，撥船之際虛張品物，務求多船以濟己私。」又舉例如枇杷青梅、天鵝諸禽、石榴柿子秋梨諸果等可減可省者，禮部、工部覆議認同，最終朝廷採納此奏。〔註276〕

內守備對南京刑部等法司權力的侵奪，最為詬病。南京內外守備只能過問事關留都安全的重大案件，民間糾紛無權受理。萬曆《大明會典》卷一百六十九《刑部十一》：「南京詞訟，干係地方者，許內外守備官員受理。其餘戶婚田土、鬥毆人命一應詞訟，悉遵舊制，赴南京通政使司，告送法司問理。」〔註277〕可實際上，內守備卻濫受詞訟，干預司法。魏校，弘治正德間歷任南京刑部主事、員外郎、郎中，時內守備為劉琅，「夷視法司，或時判狀至，莫有抗者。」又收受賄賂，誣陷無辜，「京邑有經歷姚元者，從子利其富貲，誣以奸狀，賄琅陰為之地，必欲寘元於死。」〔註278〕胡世寧，正德二年署南京刑部陝西司郎中，「時劉琅守備南京，陝西司所轄八衛所武臣有犯至司，輒賂琅判一狀來，云問官有私，即無敢正法。」〔註279〕

不僅如此，留都所在的應天府官員也要聽命於內守備調查案件，辦理案件還有時間限制。聞淵，嘉靖初任應天府尹，「故事中官守備南京者受民詞。檄下府幕，幕吏奉行惟謹，朔望必往謁。公事未辦者受程期。比至，語中官曰：『中貴人安得受詞幕？史安得為中貴人議獄？非制也，有詔則可。』悉罷之。」〔註280〕

以上為正德、嘉靖間事，萬曆間時任南京刑部右侍郎的王樵在《勘覆誠意伯劉世延事情疏》中也言及內守備濫預詞訟，「有已故張選，係穆世虎妻兄，挾恨客用，具告南京內守備衙門，蒙行司禮監審虛，量責十板發落。」〔註281〕

南京工部。弘治十三年七月南京吏部尚書秦民悅等以星變上言，奏請改革弊政，其中言南京內府機構侵權事，涉及南京工部，八月工部覆議請停止侵權。依照制度，南京重大建設工程所用材料由北京工部轉行南京工部負責組織調配，相關府州縣供應。後由南京守備委派南京內官監辦理，往往倍取

〔註276〕《世宗實錄》卷一百一十七，《明實錄》41冊，2770～2772頁。
〔註277〕《〔萬曆〕大明會典》，《續修四庫全書》792冊，86頁。
〔註278〕〔明〕過庭訓《本朝分省人物考》卷二十二魏校，《續修四庫全書》533冊，438頁。
〔註279〕〔明〕雷禮《國朝列卿紀》卷四十八胡世寧，《續修四庫全書》523冊，23頁。
〔註280〕《本朝分省人物考》卷四十八聞淵，《續修四庫全書》534冊，284頁。
〔註281〕〔明〕王樵《方麓集》卷一，《景印文淵閣四庫全書》1285冊，125頁。

橫征。南京內府各監局所需物料，又常常用本衙門公文，請內守備批准，轉行南京工部取辦。〔註282〕

南京都察院。每逢重要節日，南京內守備向朝廷進表慶賀，依照禮儀，進表必須有一套儀式，嘉靖間內守備進表時，則由南京御史兩人監禮，顯然違背禮制。王燗嘉靖十七年任南京都察院右都御史，「其年擢南京右都御史，舊內守備進表，取御史兩人監禮。燗曰：『中人行禮，奈何輕用朝廷耳目官乎？』執不與。」〔註283〕

南京光祿寺。弘治三年八月，南京內守備陳祖生等奏請增奉先殿每日供獻品物。南京皇城內奉先殿等供獻品物由南京光祿寺掌管，陵廟祭祀，為皇帝家事，非臣子所得輕言，禮部覆議謂德、懿、熙、仁四廟品物定自太祖，高廟品物定自太宗，臣下豈敢擅議增減。陳祖生又以南京光祿寺所支生料數少為由，請為增給。朝廷命間日增鵝一雞二。〔註284〕

南京內守備侵官生事，往往不止一個部門，南京糧儲由南京戶部主管，南京科道監察官員監督，而嘉靖九年八月戶部覆議南京光祿寺卿歐陽鐸疏奏，南京光祿寺下屬的大官署每年放支糧米，除科道官監收督察外，「每週開倉之始，內守備得遣官盤驗，徒滋耗折。」〔註285〕則內守備侵犯了南京戶部、南京都察院、南京六科、南京光祿寺的權限。

內守備作為南京內官系統的統領，有責任約束屬下遵紀守法，恪盡職守，可是也有不少內守備卻是包庇縱容下屬的不法行為，為非作歹，製造事端。弘治十四年四月內使劉雄過儀真，知縣徐淮供應不及時，劉雄怒棄關文，訴諸南京守備太監傅容奏其事。朝廷命械繫徐淮付錦衣衛拷問，雖然六科十三道請宥徐淮，最終還是命將徐淮調除邊方。〔註286〕正德十二年三月南京進貢太監康灌、少監王釗等進貢至天津衛，不僅勒索二百三十兩，還縛指揮劉良窘辱之。巡撫御史告聞，詔令南京守備衙門逮問，「太監黃偉等奏灌、釗為其下所蔽，且謂天津都指揮賀勇及良分外折送夫價，亦宜並逮。」最後

〔註282〕《孝宗實錄》卷一百六十四、卷一百六十五，《明實錄》31冊，2991、3010頁。

〔註283〕〔明〕過庭訓《本朝分省人物考》卷五十四王燗，《續修四庫全書》534冊，502頁。

〔註284〕《孝宗實錄》卷四十一，《明實錄》29冊，852～853頁。

〔註285〕《世宗實錄》卷一百一十六，《明實錄》41冊，2751頁。

〔註286〕《孝宗實錄》卷一百七十三，《明實錄》31冊，3150～3151頁。

判決俱免追究。〔註287〕

　　內臣廣泛參與國家政治、經濟、軍事各類事務，是明代政治制度的鮮明特點，作為南京最重要的政治軍事制度，南京守備制度也離不開內臣的參與，南京內守備在其中發揮了重要作用。內守備最早設立，與守備制度相始終（在南明政權建立中，最後一任南京內守備韓贊周也發揮過重要作用）。在此期間協同守備、參贊機務都曾革置，內守備始終設立。其他守備官員只設一人，內守備法定兩人，最多至七人。內守備只為四品官員，可在重要場合常凌駕於同官守備勳臣、二品南京兵部尚書之上，亦可見其特殊地位。內守備作為皇帝的特別代表，維護皇室利益，守護皇城、孝陵，主管上供、採辦等事宜，對留都安全也負有責任，其管轄範圍大於外臣文武，在二百餘年的南京守備制度中發揮了重要作用。其間擔任內守備的官員中有深孚眾望的劉寧、呂憲、晏宏，為維護南京的安全穩定作出了貢獻，也有惡名昭彰的錢能、劉琅，擾亂了留都正常政治秩序。明代最高統治者為維護皇權專制，設立了內外文武官員相互牽制的政治體制，其中科道言官發揮了重要作用，內守備也受到有效的約束，保證其權力不致危害最高統治者的利益。明代南京守備官員中唯一有不軌企圖的正德間內守備劉琅，即是在內外文武官員密切監督下被輕易鎮壓。

〔註287〕《武宗實錄》卷一百四十七，《明實錄》36 冊，2865 頁。

第三章 外守備、協同守備

　　南京武臣守備官員有南京外守備、協同守備各一人。南京外守備明代文獻常稱爲南京守備，亦稱爲外守備、守備勳臣等，本文將南京守備作爲南京各類守備官員的通稱，明代文獻中常稱的南京守備則稱爲南京外守備。南京外守備、協同守備多由勳臣擔任，明代勳臣在建國初期位高權重，明初以後武臣權力爲文臣所取代，作爲高級武臣的勳臣多不任事，優享其俸祿而已，南京外守備、協同守備亦如此。除首任外守備襄城伯李隆確爲南京守備諸臣之首以外，其他勳臣在維護南京安全中所起的作用不如參贊機務，其得到皇帝的重視，亦不如內守備，多備位而已。

一、外守備、協同守備的創設及任職情況

　　南京外守備是明代留都南京武臣之首。南京外守備創設始於永樂二十二年（1424），首任外守備由三人擔任，九月戊子，「命襄城伯李隆同駙馬都尉宋琥、沐忻（昕）於南京操兵守備。」〔註1〕此條實錄爲武臣任守備最早的記載，外守備爲三人，襄城伯李隆、駙馬都尉西寧侯宋琥、駙馬都尉沐昕。當月己亥，宋琥解任，召回北京，〔註2〕沐昕任守備只有三個月，洪熙元年（1425）二月戊辰便命其專管孝陵祭祀，〔註3〕此後外守備由李隆一人擔任。宋琥、沐昕任外守備時間太短，明清史書言及南京外守備只言李隆一人，此後南京外守備也只由一人擔任。

〔註1〕 《仁宗實錄》卷二下，《明實錄》9冊，67頁。
〔註2〕 《仁宗實錄》卷二下，《明實錄》9冊，81頁。
〔註3〕 《仁宗實錄》卷七下，《明實錄》9冊，244頁。

外守備多由勳臣公、侯擔任，只有第一任沐昕爲駙馬都尉。伯爵有襄城伯李隆、寧遠伯任禮、豐潤伯曹松、成山伯王允忠、南和伯方一元。南京外守備地位最尊，特別是在明初期和中期，職位更替較少，任職時間較長。明代統治者希望作爲祖宗根本之地的南京保持安定，因而初期作爲負首要責任的外守備大多遵循舊規，儘量避免發生事端。同樣，即使發生言官攻擊外守備的事件，朝廷也是以大臣不易輕動爲名，偏袒外守備。初步統計，自永樂二十二年（1424）至崇禎十七年（1644），擔任外守備共 29 人，而在天順元年（1457）至嘉靖十三年（1534）77 年時間裏，南京外守備一職始終由有姻親關係的魏國公徐氏和成國公朱氏擔任，直至嘉靖十三年都御史王廷相等言不應徐氏世代守備，方許徐鵬舉辭守備。其後嘉靖十七年（1538）至嘉靖三十四年（1555），嘉靖三十七年（1558）至隆慶四年（1570），徐鵬舉又兩任外守備，直至卒於任上。

外守備中任職時間較長的有襄城伯李隆 16 年，豐城侯李賢 11 年，成國公朱儀 33 年，魏國公徐俌 10 年，成國公朱輔 15 年，魏國公徐鵬舉 42 年，懷遠侯常胤緒 22 年。

南京守備官員中，武臣有兩個職位，外守備爲首，其次爲協同守備。協同守備創設始於景泰元年（1450），五月庚申，「敕都督僉事趙倫協同豐城侯李賢守備南京，同掌中軍都督府事。」〔註4〕協同守備多由勳臣侯、伯擔任，另有都督兩位，都督僉事趙倫，都督同知馬良，公爵有兩位，魏國公徐維志、徐弘基父子。相對守備而言，協同守備職位變動較頻繁。初步統計，自景泰元年（1450）至崇禎十七年（1644），協同守備共 42 人。協同守備任職時間較長的有武靖伯趙承慶 12 年，西寧侯宋愷 13 年，永康侯徐源 20 年。協同守備除輔佐守備之責外，又掌南京左、右、前、後軍都督府之一，成化間協同守備定西侯蔣琬又曾總督操江。

明代勳臣中有幾個家族數代擔任南京外守備、協同守備，其中最著名的是魏國公徐氏，四人共八任外守備（承宗一任，俌兩任，鵬舉三任，邦瑞兩任）共 62 年，兩人擔任協同守備（維志，弘基）共 3 年。其次是成國公朱氏，兩人三任外守備（儀，輔兩任）共 48 年。其他擔任外守備、協同守備人數較多的勳臣家族有豐城侯李氏，兩人任外守備（賢，環），三人任協同守備（勇，旻，儒）。撫寧侯朱氏四人任外守備（麒，岳，繼勳，國弼）。三

人擔任外守備、協同守備的有西寧侯宋氏（琥，愷，天馴），定西侯蔣氏（琬，塈，建元），武靖伯趙氏（承慶，光遠，祖蔭），南和伯方氏（壽祥，炳，一元）。兩人擔任外守備、協同守備的有，鎮遠侯顧氏（興祖，寰），平江伯陳氏（豫，後進侯爵，啓嗣），泰寧侯陳氏（涇，良弼），臨淮侯李氏（庭竹，言恭），豐潤伯曹氏（松，文炳）。

　　明代勳臣只在明初權力較重，以後文官執掌權柄，勳臣武官對明代政治的影響遠不如文官。故《明史》對勳臣記載不詳，《明史》功臣列傳，只有始封者記載較詳，其嗣爵子孫大多草草數語。南京外守備、協同守備多數記載寥寥，即便有傳，其任職情況亦多忽略。南京外守備、協同守備中《明史》記載最詳的是寧遠伯任禮，因其爲始封勳臣。其他生平記載稍詳者只有襄城伯李隆，鎮遠侯顧興祖、顧寰，定西侯蔣琬，伏羌伯毛銳，魏國公徐俌，靖遠伯王瑾少數幾位。部分守備、協同守備不載於列傳，如懷遠侯常胤緒任職22年，是明末任職時間最長的外守備，永康侯徐源任職20年，是任職時間最長的協同守備，二人皆無傳。其他如武安侯鄭宏、修武伯沈煜，懷柔伯施鑒，西寧侯宋愷、宋天馴，保定侯梁永福，定西侯蔣塈、蔣建元，安遠侯柳震，豐潤伯曹松、曹文炳，南和伯方炳、方一元，應城伯孫文棟，泰寧侯陳良弼，豐城侯李環，成山伯王允忠，撫寧侯朱繼勳，武靖伯趙祖蔭，平江伯陳啓嗣，東寧伯焦夢熊，寧陽侯陳光裕俱無傳。《明實錄》於文武大臣卒後，往往附有小傳，萬曆間吏部驗封司郎中鄭汝璧撰《皇明功臣封爵考》〔註5〕，記載功臣襲爵、除封、亡卒等較爲詳盡，據此二書可考部分守備勳臣生平資料。

　　明代勳臣中老弱年少者帶薪閒住，奉朝請而已。年富力強者則出任實職，有五府掌印、僉書，提督京營，南京外守備，各地總兵。出任南京外守備的勳臣，有的先在北京奉朝請，如景泰、天順間魏國公徐承宗，天順間成國公朱儀，或在南京奉祀孝陵，如弘治間魏國公徐俌。有來自各地總兵官，如永樂末鎮守山海關襄城伯李隆，景泰間鎮守臨清平江侯陳豫，成化間甘肅總兵定西侯蔣琬。有的來自提督京營，如弘治間成國公朱輔爲神機營五千下管操。

　　南京外守備來自兩京五軍都督府掌印官較多，如景泰間掌左軍都督府寧遠伯任禮，正德間掌南京前軍都督府魏國公徐鵬舉，嘉靖間掌中軍都督府撫

〔註5〕　〔明〕鄭汝璧《皇明功臣封爵考》，《四庫全書存目叢書》史部258冊。

寧侯朱麒，隆慶間掌中軍都督府臨淮侯李庭竹，萬曆間掌南京右軍都督府豐城侯李環，掌南京右軍都督府成山伯王允忠。

南京外守備有由南京協同守備提升，如嘉靖間豐潤伯曹松，隆慶間懷寧侯孫世忠，萬曆間撫寧侯朱繼勳。

出任南京協同守備的勳臣，有來自京營，如弘治間懷柔伯施鑒為練武營坐營管操，嘉靖間靖遠伯王瑾為神機營坐營管操。

南京協同守備最多來自兩京五軍都督府掌印或僉書，如弘治間掌南京前軍都督府武靖伯趙承慶，嘉靖間掌南京左軍都督府永康侯徐源，掌南京右軍都督府安遠侯柳震，掌南京左軍都督府豐潤伯曹松，掌南京前軍都督府臨淮侯李庭竹，掌南京後軍都督府西寧侯宋天馴，掌右軍都督府南和伯方炳，右軍都督府僉書懷寧侯孫世忠，隆慶間掌左軍都督府彰武伯楊炳，掌中軍都督府靈璧侯湯世隆，掌左軍都督府豐潤伯曹文炳，萬曆間左軍都督府僉書武靖伯趙光遠，前軍都督府僉書新建伯王承勳，南京中軍都督府僉書魏國公徐維志，掌南京後軍都督府定西侯蔣建元，管南京後軍都督府魏國公徐弘基，掌南京後軍都督府武靖伯趙祖蔭，天啓間掌南京後軍都督府東寧伯焦夢熊，掌南京後軍都督府南和伯方一元。

南京外守備、協同守備除病卒、罷免外，常改任北京五軍都督府掌印、京營提督或各地總兵。外守備改任京營的有正統間襄城伯李隆管三千左右十隊並府軍前衛等，隆慶間臨淮侯李廷竹總督京營戎政，萬曆間臨淮侯李言恭總督京營戎政，泰寧陳良弼總督京營戎政。改任各地總兵的有嘉靖間鎮遠侯顧寰充總兵官提督漕運，豐潤伯曹松充總兵官鎮守兩廣，萬曆間懷寧侯孫世忠充總兵官鎮守湖廣。

協同守備改任京營的，有嘉靖間豐城侯李旻提督五軍營，保定侯梁永福提督五軍營。掌北京五軍都督府的有嘉靖間西寧侯宋天馴掌中軍都督府，隆慶間南和伯方炳掌右軍都督府，彰武伯楊炳掌後軍都督府。還有改任南京操江兼管巡江的，有萬曆間魏國公徐弘基。改任各地總兵的有成化間泰寧侯陳涇充總兵官總督漕運，弘治間伏羌伯毛銳充總兵官鎮守湖廣，嘉靖間豐城侯李旻充總兵官鎮守兩廣，安遠侯柳震充總兵官鎮守湖廣，隆慶間靈璧侯湯世隆提督漕運鎮守淮安，萬曆間武靖伯趙光遠充總兵官鎮守湖廣。

二、外守備、協同守備主管事務

1. 外守備主管事務

洪熙元年六月辛亥，宣宗即位的次日，敕諭南京外守備襄城伯李隆，要求其與守備太監等「整肅軍伍，嚴固守備，審察機微，以防不虞。戒敕將士，務循禮法，使軍民皆安。」〔註6〕南京外守備的職責即掌管與南京安全相關的一切事務，包含軍事民政等。

《萬曆明會典》卷二百二十七「南京五軍都督府」〔註7〕，載南京中軍都督府職掌，南京外守備例任南京中軍都督府掌印官，通行節制南京五軍都督府及其衛所，南京中軍都督府職掌亦即南京外守備職掌，其主管事務可分爲掌管守備事務和管理本府事務兩部分，概述如下。

（1）掌管守備事務

日常例行事務，禮節性事務。每日會同參贊等官於守備廳署理事務，管理本府。每月朔望日，與參贊等官及各府堂上官，會同內守備官議事。每年萬聖節、長至正旦、皇太子千秋歲節等，派員齎捧表文。長至、正旦，滁州衛例進活天鵝、活鴈、活鷿鵜、鵪鶉、鯽魚等，轉行南京禮部。

守衛京城、皇城及孝陵牆垣。收掌京城各門鎖鑰牌面，掌晨昏啓閉城門。每歲春秋二季，會同內守備、協同、參贊官巡視裏外各城門。守把官軍老弱缺員等，具奏會同選補。委派留守五衛官照例巡點皇城守衛官軍。守備官不時親行巡視孝陵牆垣。

京營事務。檢閱軍營操備。奏報軍營操備官軍、馬匹數目以及地方圖本及軍馬文冊。差官巡點沿江關卡。

監管後勤供給及上供物資，京操官軍糧米造冊呈府，轉行南京戶部關支。南京戶部支給官軍俸糧，差官監兌。工部龍江、瓦屑壩抽分竹木局，每季具抽分數目以憑奏報。奏准專設官一員巡視南京各衛屯田地方。會同內守備等官驗視兵仗局造完軍器。差官監撥每歲進貢黃船。

地方治安。地方盜賊，每年委各衛官分行緝捕。南京錦衣衛巡江官回還，具報捉獲鹽徒盜賊名數。五城兵馬司、應天府上元江寧二縣捕盜官及江東等處巡檢司，悉聽督理。

〔註6〕《宣宗實錄》卷二，《明實錄》10冊，31頁。
〔註7〕《〔萬曆〕大明會典》，《續修四庫全書》，792冊，671頁。

其他事務。南京安插的夷人，由其督令應天府屬縣，依時犒賞。

（2）管理本府事務

南京外守備亦為南京中軍都督府掌印官，管理本府機關及下屬衛所是其本職工作。除南京中軍都督府衙門外，下屬衛所有留守中衛、神策衛、廣洋衛、應天衛、和陽衛、牧馬千戶所。

官員考選襲替，武學官生課業，總小旗並槍。五年一次考選軍政官員。本府札行各該衛所將應考官員履歷送府。本府核實並簽署意見，轉送南京兵部。至期會同本府堂上官考選。本府所屬衛所經歷、吏目並倉副使等官考選，亦由本府轉送南京吏部、都察院。衛所軍職官員襲替，本府札行該衛查勘，覆查明實，照會南京兵部，轉送兵部，奏准襲替。每十年一次，南京兵部行文到府，札行所屬衛所將各指揮鎮撫千百戶等官，續生兒孫弟姪，查審明白，開具揭帖，送府並南京兵部勘實，造入圖內。武學官生課業，每月會同南京兵部堂上官比較。南京及直隸衛所總小旗並槍，照例會同監並。

後勤供給。本府官吏監生俸糧及所屬衛所官軍俸糧等，每年終先期具數申府，照行南京戶部坐派。本府所屬衛所官軍，每月將應支俸糧數目備造軍冊申府，照會南京戶部，定倉按月關支。本府官吏監生知印月支俸糧，原派府分解到折色。收貯本府，按月支放。本府所屬衛所軍士賞賜多夏布鈔。每季據各造冊申府勘實，照行南京戶部。本府併合屬官吏，每年該支戶口食鹽。照例赴南京戶部上納鈔銀，行文兩淮鹽運使司關支。

申報文冊，安置新軍、軍犯。本府所屬在京衛所併在外都司衛所官軍馬騾戶口文冊，舊例五年一次造報。本府所屬衛所逃故軍士，每年據各開造單冊申府，轉行南京兵部，發單原籍府州縣清勾。及各處府州縣解到新軍，南京兵部轉送本府，札發該衛，收管著伍。南京刑部問發軍犯，抄招送南京兵部，編發本府所屬各衛所充軍者，抄招送府，差撥官舍押解，札發該衛著伍。

以上南京中軍都督府的職掌，亦即南京守備的職責權限，大致分為幾部分，一、日常行政事務如考察官員，管理軍籍，世官襲替，發放糧俸，巡視屯田，統計軍人馬匹數量等。二、監督兵器、船隻的建造、調撥。三、按期考察武學。四、齎捧表文，進獻薦新物品。五、監督其他部門如南京戶部、南京工部、應天府等相關事務。與留都防務相關的職責包括把守城門，掌管鎖鑰，巡視孝陵，軍士操練，操習戰船，演放火器，巡視關口、軍營，緝捕盜賊，督理應天府治安事務。此外還有主持各類祭祀等。

2. 協同守備主管事務

協同守備為外守備的副職，與其一道承擔護衛留都的重任，同時又任南京中軍都督府以外一都督府的掌印官，掌管本府事務，管理所屬衛所。萬曆《大明會典》不載南京左、右、前、後軍都督府職掌，卷二百二十七《五軍都督府》記載「五府通行事例」，據此可歸納其日常事務，考探協同守備具體職掌。明代軍政事務掌於兵部，軍糧供給掌於戶部，工程、軍器修造掌於工部，司法掌於三法司。五軍都督府下屬衛所所掌各項事務，俱上達都督府，都督府再轉行兵部，直到內閣和皇帝，其下行事務亦如此，五軍都督府扮演的是傳達的角色。南京五軍都督府亦同，不過需轉達南京兵部，南京兵部再行北京兵部而已。其所管各類事務有：

所屬衛所，每年齎進令節各表文到府，本府轉送禮部。本府精微簿，於內府領出各二扇，一扇登記每日行出公文，一扇登記每日收入公文，送兵部掛號。

監督軍官子弟在家講讀書，赴團營提督操演。武職襲替優給，衛所呈送該府，送兵部奏請。衛所首領官其考滿給由，申達到府，送部黜陟。武職誥敕，衛所保勘呈該府，行兵部。衛所歲勘大小官員、從軍升職腳色，類冊呈府，行兵部。本府帶俸侯伯歲支祿米，移咨本府，轉行戶部關支。

衛所官軍俸糧，每月造冊申府，行戶部支給。衛所軍官折色俸銀，每季造冊申府勘實，行戶部。衛所屯糧，每年收過、支用數目造冊送府，轉行戶部。衛所軍士多衣布花，造冊轉行戶部。各營騎操馬匹草料，每月該營具冊呈兵部行移到府，照會戶部放支。

各營提督坐營官有缺，兵部會各府推舉。衛所逃故軍士，每年造冊類送該府，行兵部發屬清勾。其有司清解到軍士，衛所著伍造冊送府，轉送兵部。

衛所孳牧馬匹，每歲造冊送府，轉行兵部。所屬衛所，每年終將歲支歲用並馬草文冊解府，轉送戶部。衛所文卷，每三年一次，送都察院照刷。衛所按季成造軍器並屯種牛隻，各造冊送該府，行工部。

衛所有城垣頹壞及沿海備倭戰船當改造者，奏下工部，行五府，轉行衛所修造。

法司提審各衛人犯，該府行所屬衛所提解。各處京操官軍在逃自首，兵部轉送到府者，送營收操。充軍囚犯，該府差官押發所屬衛所。

三、外守備、協同守備下屬機構及職責

南京外守備掌南京中軍都督府，南京內外文武守備官員議事場所爲守備廳，即設於中軍都督府。守備廳爲守備官員議事之處，外守備每日會同其他守備官員於守備廳署理守備機務。每月朔望日，守備官員與都督府掌印官等商議各類事務。外守備每日亦在此辦理所掌中軍都督府事務。一遇重大突發事件，南京大小九卿等高級官員在此會商應對。

守備廳原設辦理軍務經歷一員，萬曆間革，審事用鎭撫或千百戶一員。另有掾史四名。〔註8〕守備廳設於中軍都督府，中軍都督府所設經歷、都事也應參與守備廳各類事宜的處理。

外守備、協同守備下屬機構可分爲南京五軍都督府、南京衛所和南京軍營三類。其主要安全職責爲南京城門和孝陵的守衛。

1. 南京五軍都督府

外守備掌南京中軍都督府，節制南京左、右、前、後軍都督府府及親軍衛，正統間外守備豐城侯李賢除掌南京中軍都督府，還兼掌南京右軍都督府。南京中軍都督府掌印官也偶有非南京外守備但任的，如天順間定襄伯郭登，成化間武安侯鄭宏。協同守備掌南京左、右、前、後軍都督府之一。

五軍都督府爲明代最高武職機構，明建國前其主要軍事機構有元帥府、樞密院等，元至正二十一年（1361）設立大都督府，節制中外諸軍事，由朱元璋侄朱文正任大都督。〔註9〕後朱文正得罪，不再設大都督，由左右都督（正一品）掌大都督府事。洪武十三年（1380）正月胡惟庸得罪伏誅，朱元璋罷中書省升六部，改大都督府爲五軍都督府，分別統屬在京衛所、在外都司衛所，正一品衙門。五軍都督府的掌印官員由公、侯、伯勳臣擔任，僉書官員由勳臣及都督（正一品）、都督同知（從一品）、都督僉事（正二品）擔任，其職掌爲分領天下都司衛所（親軍衛除外），掌管從駕儀衛等，下屬衛所武職替襲優給等由其轉送兵部，其水陸操練、俸糧屯種、軍情聲息等由五軍都督府與六部等機構協調處理，五軍都督府的職掌受兵部限制。永樂元年（1403），建行都督府於北京，後分五府，稱行在某都督府。永樂十八年（1420）遷都北京，行在五軍都督府除「行在」字，南京所設五軍都督府加「南京」字，南京五軍都督府統領衛所分調北京。遷都後，南京五軍都督府只掌管南

〔註8〕《〔萬曆〕大明會典》卷七，《續修四庫全書》789 冊，140 頁。
〔註9〕《太祖實錄》卷九，《明實錄》1 冊，113 頁。

京衛所，原來所掌在外各都司衛所歸屬北京五軍都督府，南京各府下屬衛所也分隸於北京各府。《萬曆明會典》載南京五府所屬衛所有三十二衛、一直屬千戶所。五軍都督府其下有經歷司處理文移案牘事務，經歷司經歷一人，從五品，爲首領官，都事一人，從七品，俱爲文職官員。辦事吏員有：南京中軍都督府提控二名，掾史六名，典吏十四名。南京左軍都督府提控二名，掾史六名，典吏七名。南京右軍都督府提控二名，掾史五名，典吏九名。南京前軍都督府提控二名，掾史六名，典吏八名。南京後軍都督府提控二名，掾史四名，典吏九名。〔註10〕

　　南京五軍都督府的地址載於明代文獻，《洪武京城圖志》五軍都督府在承天門外御街西，《明一統志》卷六、《南畿志》卷一南京五軍都督府在長安右門南，《大明一統文武諸司衙門官制》卷一南京五軍都督府在長安右門內。明代南京皇城午門以外有端門、承天門。承天門左爲長安左門，承天門右爲長安右門，現在南京城東有午門遺址，其南爲御道街，中有外五龍橋遺址，承天門應在外五龍橋以北。明代南京中央政府文武衙門，分列在今五龍橋以南的御道街兩側，街東自北向南依次爲宗人府、吏部、戶部、禮部、兵部、工部等文職機構，街西則自北向南爲中軍、左軍、右軍、前軍、後軍都督府等武職機構。南京五軍都督府當在今南京御道街中段以西，南京市聾人學校附近。

2. 南京衛所

　　由南京外守備、協同守備統領的守衛南京武裝力量爲南京衛所。南京自明初至明末一直駐紮大量軍隊，稱京衛，洪武間員額超過二十萬，遷都後員額爲十二萬，至崇禎時員額爲八萬。南京衛所的職責主要爲守衛南京，同時還需承擔屯田、漕運、上供船運等各項任務。

　　衛的前身爲翼統軍元帥府，元至正二十四年（1364），置武德、龍驤、豹韜、飛熊、威武、廣武、興武、英武、鷹揚、驍騎、神武、雄武、鳳翔、天策、振武、宣武、羽林十七衛親軍指揮使司。〔註11〕此後衛所成爲明代軍隊的基本編制。

　　洪武七年（1374）重定衛所制度，此前設置內外衛所，一衛統十千戶，一千戶統十百戶，百戶領總旗二，總旗領小旗五，小旗領軍十，皆有實數。

〔註10〕　《〔萬曆〕大明會典》卷七，《續修四庫全書》789冊，136頁。
〔註11〕　《太祖實錄》卷十四，《明實錄》1冊，185頁。

至是重定其制，大率以五千六百人爲一衛，而千百戶、總小旗所領之數則同。遇有事徵調則分統於諸將，無事則散還各衛。〔註12〕洪武二十年（1387），命各衛指揮分領千戶所事。每衛設指揮使一人，指揮同知二人，指揮僉事四人。又設前、後、中、左、右五千戶所以分領士卒。〔註13〕

衛所官員據萬曆《大明會典》等書所載有：指揮使，正三品。指揮同知，從三品。指揮僉事，正四品。衛鎮撫，從五品。正千戶，正五品。副千戶，從五品。百戶，正六品。所鎮撫，從六品。衛長官稱掌印，多爲指揮使擔任，次官稱僉書，由指揮使或指揮同知、指揮僉事擔任，人數不等。每衛又有恩蔭寄祿官員，只領取俸祿而不任事，無定員。其下屬有經歷司處理文移，經歷司經歷，從七品，知事正八品，俱爲文職官員，又有吏員如令史、典吏、所司吏、倉攢典等。

南京衛所設置定形於洪武十三年（1381），永樂遷都後仍設置，此後變化不大，持續至明亡。洪武十三年春正月戊戌，左丞相胡惟庸等謀反伏誅。癸卯，罷中書省升六部，改大都督府爲五軍都督府。其左軍都督府統屬在京驍騎左、水軍左、留守左、龍虎、英武五衛。右軍都督府統屬在京虎賁右、水軍右、留守右、武德、廣武五衛。中軍都督府統屬在京神策、廣洋、留守中、應天、和陽五衛。前軍都督府統屬在京天策、豹韜、龍驤、飛雄、龍江五衛。後軍都督府統屬在京鷹揚、江陰、興武、橫海、蒙古左、蒙古右六衛。甲辰，以金吾、羽林、虎賁、府軍等十衛職掌守衛宮禁，凡有支請徑行六部，不隸五軍。〔註14〕此十衛具體名稱據《大明會典》卷二百二十八所載洪武間上十衛，爲金吾前衛、金吾後衛、羽林左衛、羽林右衛、府軍衛、府軍左衛、府軍右衛、府軍前衛、府軍後衛、虎賁左衛。綜上所述，洪武中葉，南京衛所共三十六衛，其中親軍衛爲十衛，隸屬五軍都督府二十六衛。

洪武二十六年（1393）官修《諸司職掌》兵部，記載南京衛所共四十一衛，一直屬千戶所。〔註15〕親軍衛爲上十二衛，金吾前衛、金吾後衛、羽林左衛、羽林右衛、府軍衛、府軍左衛、府軍右衛、府軍前衛、府軍後衛、虎賁左衛、錦衣衛、旗手衛。與洪武十三年相比，新增錦衣衛和旗手衛。五軍都督府所屬南京衛所共二十九衛，一直屬千戶所，與洪武十三年相比，左軍

〔註12〕《太祖實錄》卷九十二，《明實錄》3冊，1607頁。
〔註13〕《太祖實錄》卷五十一，《明實錄》4冊，2787頁。
〔註14〕《太祖實錄》卷一百二十九，《明實錄》3冊，2052頁，2054頁。
〔註15〕《諸司職掌》，《續修四庫全書》748冊，718～721頁。

都督府增鎮南衛、瀋陽左衛、瀋陽右衛，驍騎左衛改爲驍騎右衛，中軍都督府增牧馬千戶所，此爲洪武后期南京衛所。

永樂十八年（1420）遷都北京，南京衛所分調北京，其中親軍衛金吾左等十衛分調北京，牧馬千戶所分調北京，孝陵、濟川、廣洋、水軍左右、江陰、橫海、天策、英武、飛熊、廣武、應天等十二衛留守南京，神策、鎮南、驍騎（右）、瀋陽（左）、虎賁（右）、豹韜、龍驤、鷹揚、興武、龍虎、武德、和陽、瀋陽右等十三衛調守北京，留守中左右前後五衛官軍分守南北二京。〔註16〕上述留守南京諸衛不作調動。調守北京諸衛是分調一部分，南京仍置該衛，與親軍衛、牧馬千戶所、留守五衛相同，也是分守南北二京。此爲遷都北京時所言及的南京衛所，共四十衛，一直屬牧馬千戶所。

至明代中後期，南京衛所爲四十九衛，其中親軍十七衛、一直屬千戶所，五府所屬三十二衛、一直屬千戶所。

親軍衛：

金吾前衛、金吾後衛、金吾左衛、金吾右衛、羽林左衛、羽林右衛、羽林前衛、府軍衛、府軍左衛、府軍右衛、府軍後衛、虎賁左衛、錦衣衛、旗手衛、江淮衛、濟川衛、孝陵衛、犧牲所。

南京五軍都督府所屬衛所：

南京左軍都督府十衛：留守左衛、鎮南衛、水軍左衛、驍騎右衛、龍虎衛、英武衛、龍虎左衛、龍江右衛、瀋陽左衛、瀋陽右衛。

南京右軍都督府五衛：虎賁右衛、留守右衛、水軍右衛、武德衛、廣武衛。

南京中軍都督府五衛一直屬千戶所：留守中衛、神策衛、廣洋衛、應天衛、和陽衛、牧馬千戶所。

南京前軍都督府七衛：留守前衛、龍江左衛、龍驤衛、飛熊衛、天策衛、豹韜衛、豹韜左衛。

南京後軍都督府五衛：留守後衛、橫海衛、鷹揚衛、興武衛、江陰衛。〔註17〕

正德《大明會典》中親軍衛有府軍前衛，無羽林前衛，無犧牲千戶所，而萬曆間官修《萬曆會計錄》、《大明會典》、《南京兵部車駕司職掌》、天啓間

〔註16〕《太宗實錄》卷二百三十一，《明實錄》9 冊，2234～2235 頁。
〔註17〕《〔萬曆〕大明會典》卷一百二十四，《續修四庫全書》791 冊，262～263 頁。

《南京都察院志》、崇禎間《南樞志》諸書均無南京府軍前衛的記載，而成於正德《大明會典》之前，天順間李賢等《明一統志》所記與上述諸書相同，考《明實錄》府軍前衛起初專門統領幼軍，爲隨侍皇太子、皇太孫所設，其下屬爲徵召的平民少年子弟。永樂遷都後皇太子、皇太孫俱在北京，南京此衛當革置。犧牲千戶所諸書也多有記載。

將萬曆《大明會典》中所記南京四十九衛、二直屬千戶所與洪武《諸司職掌》四十一衛、一直屬千戶所相較，親軍衛中增加金吾左衛、金吾右衛、羽林前衛、江淮衛、濟川衛、孝陵衛、犧牲千戶所，革府軍前衛。五府屬衛中左軍都督府增加龍虎左衛、龍江右衛。前軍都督府增加留守前衛、豹韜左衛，龍江衛改爲龍江左衛。後軍都督府增加留守後衛，革蒙古左衛、蒙古右衛。

親軍衛又稱上直衛，擔負隨行護駕、鹵簿儀仗、守衛皇城的使命，親軍衛中的錦衣衛又掌詔獄。親軍衛不隸五軍都督府，本衛事務直接申達兵部。明代親軍的設置始於明建國前的帳前總制親軍都指揮使司、金吾侍衛親軍都護府等，朱文忠、康茂才等親信重臣掌其職，元至正二十四年（1364），置武德、龍驤、豹韜、飛熊、威武、廣武、興武、英武、鷹揚、驍騎、神武、雄武、鳳翔、天策、振武、宣武、羽林十七衛親軍指揮使司。洪武三年（1370），置親軍都尉府及儀鸞司。〔註18〕洪武八年（1375），在京留守都衛爲留守衛指揮使司，原轄天策、豹韜、飛熊、鷹揚、江陰、廣洋、橫海、龍江八衛俱爲親軍指揮使司。洪武十一年（1378），改留守衛爲留守中衛親軍指揮使司，增置留守左、右、前、後四衛親軍指揮使司。洪武十三年（1380）正月胡惟庸得罪伏誅，朱元璋罷中書省升六部，改大都督府爲五軍都督府，五軍都督府所轄各衛、親軍衛都有所調整，上述洪武八年所設親軍衛俱改隸五軍都督府。掌守衛宮禁的爲金吾、羽林、虎賁、府軍等十衛，又稱上十衛。此後上十衛又增加錦衣衛、旗手衛二衛，稱上十二衛或十二親軍衛，此爲洪武朝親軍衛的設置情況。

成祖登基的洪武三十五年（建文四年，1402）六月又增設金吾左衛（原燕山左護衛）、金吾右衛（原燕山右護衛）、羽林前衛（原燕山中護衛）爲親軍衛。〔註19〕永樂四年（1406）又將北平都司所轄七衛燕山左衛、燕山右衛、燕山前衛、大興左衛、濟陽衛、濟州衛、通州衛改爲親軍衛。〔註20〕永樂登

〔註18〕 《太祖實錄》卷五十三，《明實錄》2冊，1055頁。
〔註19〕 《太宗實錄》卷九下，《明實錄》6冊，136頁。
〔註20〕 《太宗實錄》卷五十一，《明實錄》7冊，765頁。

基後所設十親軍衛與洪武間所設上十二衛，合稱上二十二衛。

明中葉後南京親軍衛爲洪武間上十二衛，增加洪武三十五年所設金吾左衛、金吾右衛、羽林前衛三衛，革去府軍前衛，又增江淮衛、濟川衛、孝陵衛、犧牲千戶所，共十七衛、一直屬千戶所。其中江淮衛、濟川衛專門負責水運，運送上供物資，孝陵衛專門守護孝陵，原則上均不屬親軍衛，北京長陵衛等即不屬親軍衛，犧牲千戶所，受南京太常寺管轄，養殖牲品，亦不當屬親軍衛，但又不屬南京五軍都督府管轄，姑與親軍衛並列。

南京衛所分爲親軍衛和五府屬衛兩種，在職掌和建置上有所不同，職掌上親軍衛中的十三衛負責守衛南京皇城各門，錦衣衛參與南京司法審判等，五府屬衛則無此職責。建置上親軍衛各類事宜直接上行南京兵部，南京兵部咨呈兵部，五府屬衛各類事宜則需上行南京五軍都督府，南京五軍都督府轉行南京兵部。

有關南京衛所的文獻除《明實錄》、《大明會典》外，還見於萬曆間陶承慶《大明一統文武諸司衙門官制》、天啓間施沛《南京都察院志》、崇禎間范景文《南樞志》等書。其中《大明一統文武諸司衙門官制》卷一，〔註 21〕崇禎間范景文《南樞志》卷三十五，〔註 22〕載南京親軍衛駐地，二書大致相同，天啓間施沛《南京都察院志》卷二十一、卷二十二，〔註 23〕則記載南京衛所駐地的大致區域。此外《南京都察院志》卷十九、《南樞志》卷五十一、天順間李賢《明一統志》卷六、嘉靖間高鶴《定遠縣志》卷二也有南京衛所駐地的記載。《大明一統文武諸司衙門官制》卷一和《南樞志》卷三十五，記載南京衛所的下屬機構，二書大致相同，其中牧馬千戶所二書俱誤列於孝陵衛後，《南樞志》又缺水軍左衛。

以下所述南京親軍衛駐地、南京衛所下屬機構依據《大明一統文武諸司衙門官制》卷一，五府屬衛駐地主要依據《南京都察院志》卷二十一、卷二十二。南京衛所員額依據《南京都察院志》卷十二，惟遺漏神策衛。〔註 24〕

〔註 21〕　〔明〕陶承慶等《大明一統文武諸司衙門官制》，《續修四庫全書》748 冊，453～455 頁。

〔註 22〕　〔明〕范景文《南樞志》，578～593 頁。

〔註 23〕　〔明〕施沛《南京都察院志》，《四庫全書存目叢書補編》73 冊，599 頁、611頁、620 頁、629 頁、636 頁。

〔註 24〕　〔明〕施沛《南京都察院志》卷十二，《四庫全書存目叢書補編》73 冊，342～346 頁。

（1）南京親軍衛

錦衣衛

建置：洪武間上十二衛。錦衣衛前身爲儀鸞司，洪武三年（1370），置親軍都尉府及儀鸞司。洪武十五年（1382），改儀鸞司爲錦衣衛。〔註25〕洪武二十六年（1393）《諸司職掌》將錦衣衛列入爲南京親軍衛。

駐地：通政司南。

下屬：經歷司，鎮撫司，左、右、中、前、後千戶所，中左千戶所，中右千戶所，親軍千戶所，屯田千戶所，水軍千戶所，馴象千戶所，鑾輿司，擎蓋司，扇手司，旌節司，旛幢司，班劍司，斧鉞司，戈戟司，弓矢司，馴馬司，鞍轡局，烏龍潭倉。

員額：領所一十六，指揮二十八員，千戶三十七員，百戶七十九員，吏旗軍校匠餘二千四百餘名。

旗手衛

建置：洪武間上十二衛。旗手衛的淵源與錦衣衛相似，前身爲旗手千戶所，掌管金鼓旗幟，隨駕出入，守衛四門。洪武十八年，改旗手千戶所爲旗手衛。〔註26〕洪武二十六年《諸司職掌》，列入旗手衛爲上十二衛。

駐地：欽天監後。

下屬：經歷司，鎮撫司，左、右、中、前、後千戶所，水軍千戶所，東倉，西倉。

員額：領所六，指揮九員，千戶三十五員，百戶二十四員，吏旗軍餘七百一十名。

金吾前衛

建置：洪武間上十衛。明建國前的元至正二十三年（1363）設金吾侍衛親軍都護。〔註27〕吳元年（至正二十七年，1367）置金吾左、金吾右、虎賁左、虎賁右及興化、和陽、廣陵、通州、天長、懷遠、崇仁、長河、神策等衛。尋改金吾左右爲金吾前後二衛，羽林衛爲羽林左右二衛。〔註28〕洪武十一年（1378）改金吾前衛爲羽林左衛，羽林左衛爲金吾前衛。〔註29〕洪武十

〔註25〕《太祖實錄》卷一百四十四，《明實錄》4冊，2226頁。
〔註26〕《太祖實錄》卷一百七十三，《明實錄》4冊，2639頁。
〔註27〕《太祖實錄》卷十二，《明實錄》1冊，147頁。
〔註28〕《太祖實錄》卷二十五，《明實錄》1冊，380頁。
〔註29〕《太祖實錄》卷一百二十一，《明實錄》3冊，1966頁。

三年（1380）改大都督府爲五軍都督府，金吾諸衛爲親軍衛，不隸五軍都督府。

　　駐地：太醫院南。

　　下屬：經歷司，鎮撫司，左、右、中、前、後千戶所，中右千戶所，水軍千戶所。

　　員額：領所七，指揮十一員，千戶四十員，百戶三十五員，吏旗軍餘一千八百三十五名。

　　金吾後衛

　　建置：洪武間上十衛，同金吾前衛。

　　駐地：覆舟山南。

　　下屬：經歷司，鎮撫司，左、右、中、前、後千戶所，水軍千戶所。

　　員額：領所六，指揮九員，千戶二十九員，百戶二十六員，吏旗軍餘一千七十七名。

　　金吾左衛

　　建置：洪武三十五年，升燕山左護衛爲金吾左衛。

　　駐地：大功坊。

　　下屬：經歷司，鎮撫司，左、右、中、前、後千戶所，中左千戶所，中右千戶所，中中千戶所。

　　員額：領所八，指揮四十四員，千戶六十六員，百戶三十二員，吏旗軍餘四百八十五名。

　　金吾右衛

　　建置：洪武三十五年，升燕山右護衛爲金吾右衛。

　　駐地：狀元坊南。

　　下屬：經歷司，鎮撫司，左、右、中、前、後千戶所，中左千戶所，中右千戶所，中中千戶所。

　　員額：領所八，指揮三十四員，千戶五十六員，百戶四十員，吏軍餘四百九十一名。

　　羽林左衛

　　建置：洪武間上十衛。元至正二十四年所設十七衛親軍指揮使司之一。

吳元年改羽林衛爲羽林左右二衛。〔註30〕洪武十一年，改金吾前衛爲羽林左衛，羽林左衛爲金吾前衛。洪武十三年，羽林諸衛爲親軍衛。

　　駐地：朝陽門內。

　　下屬：經歷司，鎮撫司，左、右、中、前、後千戶所，水軍千戶所。

　　員額：領所六，指揮二十三員，千戶四十員，百戶三十五員，吏旗軍餘一千六百九十八名。

　　羽林右衛

　　建置：洪武間上十衛。同羽林左衛。

　　駐地：天津橋東北。

　　下屬：經歷司，鎮撫司，左、右、中、前、後千戶所，中左千戶所，水軍千戶所，養虎倉。

　　員額：領所七，指揮二十員，千戶三十二員，百戶四十員，吏旗軍餘一千一百三十六名。

　　羽林前衛

　　建置：洪武三十五年，升燕山中護衛爲羽林前衛。

　　駐地：應天府治西。

　　下屬：經歷司，鎮撫司，左、右、中、前、後千戶所，左中千戶所，水軍千戶所。

　　員額：領所七，指揮二十四員，千戶四十五員，百戶三十二員，吏旗軍餘四百五十七名。

　　府軍衛

　　建置：洪武間上十衛。洪武十一年（1378）置。〔註31〕洪武十三年，府軍諸衛爲親軍衛。

　　駐地：欽天監後。

　　下屬：經歷司，鎮撫司，左、右、中、前、後千戶所，中中千戶所，水軍千戶所。

　　員額：領所七，指揮八員，千戶二十七員，百戶三十員，吏旗軍餘共七百八十七名。

〔註30〕《太祖實錄》卷二十五，《明實錄》1 冊，380 頁。
〔註31〕《太祖實錄》卷一百十八，《明實錄》3 冊，1930 頁。

府軍左衛

建置：洪武間上十衛。洪武十一年置府軍左右二衛指揮使司。〔註32〕洪武十三年府軍諸衛爲親軍衛。

駐地：竹橋南。

下屬：經歷司，鎮撫司，左、右、中、前、後千戶所，左中千戶所，水軍千戶所，東倉，西倉。

員額：領所七，指揮十二員，千戶四十四員，百戶十七員，吏旗軍餘共一千二百八十一名。

府軍右衛

建置：洪武間上十衛。同府軍左衛。

駐地：長安西街南。

下屬：經歷司，鎮撫司，左、右、中、前、後千戶所，水軍千戶所，西倉。

員額：領所六，指揮十一員，千戶三十五員，百戶五十三員，吏旗軍餘共九百九十名。

府軍後衛

建置：洪武間上十衛。洪武十一年，改驍騎左衛爲府軍後衛。〔註33〕

駐地：竹橋南。

下屬：鎮歷司，鎮撫司，左、右、中、前、後千戶所，水軍千戶所。

員額：領所六，指揮十一員，千戶三十員，百戶四十二員，吏旗軍匠餘一千二百四十五名。

虎賁左衛

建置：洪武間上十衛。吳元年，置虎賁左、虎賁右等衛。洪武十三年，虎賁左衛爲親軍衛。

駐地：朝天宮北。

下屬：經歷司、鎮撫司、左、右、中、前、後千戶所，六合屯田千戶所，水軍千戶所，本衛倉。

員額：領所七，指揮十二員，千戶三十八員，百戶五十一員，吏旗軍餘

〔註32〕《太祖實錄》卷一百十九，《明實錄》3 冊，1947 頁。
〔註33〕《太祖實錄》卷一百二十，《明實錄》3 冊，1956 頁。

共九百九十名。

江淮衛

建置：明建國前已設江淮衛，吳元年，命江淮衛以兵千人守禦邳州。〔註 34〕南京江淮衛始於洪武二十八年，置濟川、江淮二衛指揮使司，轄各處馬船，遞江上往來軍民。〔註 35〕

駐地：江淮衛在大江北。設於江浦縣。〔註 36〕

下屬：經歷司，鎮撫司，左、右、中、前、後千戶所。

員額：領所五，指揮十一員，千戶二十二員，鎮撫二員，吏夫四千二百三十九名。

濟川衛

建置：同江淮衛，洪武二十八年置。

駐地：江東門外。

下屬：經歷司，左、右、中、前、後千戶所，本衛倉。

員額：領所五，指揮十九員，千戶二十五員，吏舍水夫三千七百九十八名。

孝陵衛

建置：《太祖實錄》記載洪武、建文兩朝史實，無孝陵衛建置記載。太祖崩於洪武三十一年（1398）閏五月，當月皇太孫即位，為建文帝。六月立孝陵衛。〔註 37〕

駐地：朝陽門外。

下屬：經歷司，鎮撫司，左、右、中、前、後千戶所。

員額：領所五。指揮十二員，千戶十四員，百戶四十員，吏旗軍餘四千九十四名。

犧牲千戶所

建置：《明實錄》不載。《大明會典》記載南京犧牲千戶所設於洪武三年，「三年改立犧牲所，設武職並軍人專管牧養。其牲房，中三間以養郊祀牲，

〔註 34〕 《太祖實錄》卷二十五，《明實錄》1 冊，365 頁。
〔註 35〕 《太祖實錄》卷二百三十六，《明實錄》5 冊，3445 頁。
〔註 36〕 〔明〕施沛《南京都察院志》卷十九，《四庫全書存目叢書補編》73 冊，523 頁。
〔註 37〕 〔明〕陳建《皇明從信錄》卷十，《四庫禁燬書叢刊》史部 1 冊，177 頁。

左三間養宗廟牲，右三間養社稷牲，餘屋養山川百神之牲。」〔註38〕永樂遷都後，南京仍設犧牲千戶所。南京犧牲千戶所由南京太常寺管轄，犧牲所軍人稱養牲軍

駐地：在正陽門外，天地壇以西。〔註39〕

員額：千戶八員，百戶七員，吏旗軍餘一百二十三名。

（2）南京五軍都督府所屬衛所

南京中軍都督府

留守中衛

建置：留守諸衛原爲親軍衛，洪武三年置留守衛指揮使司，專領軍馬守禦各城門及巡警皇城與城垣造作之事。〔註40〕洪武五年，改留守司爲留守衛都指揮使司。〔註41〕洪武八年，留守都衛改爲留守衛指揮使司。原轄天策、豹韜、飛熊、鷹揚、江陰、廣洋、橫海、龍江八衛俱爲親軍指揮使司。水軍左右二衛爲指揮使司，俱隸大都督府。〔註42〕洪武十一年改留守衛爲留守中衛親軍指揮使司，增置留守左、右、前、後四衛親軍指揮使司。〔註43〕洪武十三年改大都督府爲五軍都督府，留守左右中三衛分屬左右中三府，留守前後二衛不見記載，《諸司職掌》同。《太祖實錄》記洪武二十五年留守五衛事。《太宗實錄》記永樂元年、四年、十一年留守後衛事。洪武末期所撰《洪武京城圖志》記載在京各衛有留守前衛、留守後衛。永樂十八年南京衛所分調北京，留守五衛分守南北二京。

駐地：北城求字西鋪。

下屬：經歷司，鎮撫司，金川門千戶所，神策門千戶所，儀鳳門千戶所，中千戶所，中中千戶所，水軍千戶所，倉。

員額：領所七，指揮十員，千月二十九員，百戶四十員，吏旗軍餘一千三百三十二名。

神策衛

〔註38〕《〔萬曆〕大明會典》卷八十一，《續修四庫全書》790 冊，435 頁。

〔註39〕〔明〕李賢《明一統志》卷六，《景印文淵閣四庫全書》472 冊，156 頁。

〔註40〕《太祖實錄》卷四十九，《明實錄》2 冊，972 頁。

〔註41〕《太祖實錄》卷七十一，《明實錄》2 冊，1321 頁。

〔註42〕《太祖實錄》卷一百一，《明實錄》3 冊，1712 頁。

〔註43〕《太祖實錄》卷一百十八，《明實錄》3 冊，1931 頁。

建置：吳元年所設。洪武五年與和陽衛合併，後又復設。〔註44〕洪武八年又並鍾山衛、雄武衛部分兵員。〔註45〕洪武十三年，神策衛歸屬中府。永樂十八年，神策衛調守北京。

駐地：北城，求字西鋪。

下屬：經歷司，鎮撫司，左、右、中、前、後千戶所，水軍千戶所。

員額：《南京都察院志》卷十二遺漏。

廣洋衛

建置：原爲親軍衛。洪武元年置廣洋衛親軍指揮使司。〔註46〕後歸留守都衛所轄，洪武八年又爲直轄親軍指揮使司。洪武十三年，廣洋衛歸屬中府。永樂十八年，廣洋衛留守南京。

駐地：北城，求字西鋪。

下屬：經歷司，鎮撫司，左右中前後千戶所，中前千戶所，倉。

員額：領所六，指揮十二員，千戶十八員，百戶四十七員，吏旗軍餘一千三百六十四名。

應天衛

建置：原爲親軍指揮使司，吳元年置應天衛親軍指揮使司。〔註47〕洪武四年遷應天衛治於江浦。〔註48〕洪武十三年，應天衛歸屬中府。永樂十八年，應天衛留守南京。

駐地：江北浦子口城內。

下屬：經歷司，鎮撫司，左、右、中、前、後千戶所，水軍千戶所，屯田千戶所，倉。

員額：領所七，指揮十四員，千戶二十一員，百戶五十七員，吏旗軍餘七百九十三名。

和陽衛

建置：吳元年所設。洪武五年與神策衛合併，後又復設。洪武十三年，

〔註44〕《太祖實錄》卷七十六，《明實錄》2冊，1403頁。
〔註45〕《太祖實錄》卷九十六，《明實錄》3冊，1655頁。
〔註46〕《太祖實錄》卷三十四，《明實錄》1冊，621頁。
〔註47〕《太祖實錄》卷二十二，《明實錄》1冊，322頁。
〔註48〕《太祖實錄》卷六十七，《明實錄》2冊，1263頁。

和陽衛歸屬中府。永樂十八年，和陽衛調守北京。

駐地：江北浦子口城內。

下屬：經歷司，鎮撫司，左、右、中、前、後千戶所，中左千戶所，倉。

員額：領所六，指揮十一員，千戶十八員，百戶三十四員，吏旗軍餘一百一十五名。

牧馬所

建置：南京牧馬千戶所最早見於記載在洪武二十年，「詔牧馬所軍士月糧舊給五斗者，增爲一石。」〔註49〕洪武二十六年《諸司職掌》，牧馬千戶所歸中軍都督府所屬。後革，洪武三十五年（建文四年）復設。〔註50〕永樂十八年，牧馬千戶所分調北京。

駐地：東城，朝陽門靈字鋪。

員額：千戶十三員，百戶二十三員，吏旗軍餘二千九百四十三名。

南京左軍都督府

留守左衛

建置：見留守中衛。

駐地：東城，崇禮街爵字鋪。

下屬：經歷司，鎮撫司，聚寶門千戶所，通濟門千戶所，中中千戶所，太平門千戶所，朝陽門千戶所，水軍千戶所，正陽門千戶所，倉。

員額：領所七，指揮七員，千戶二十二員，百戶二十九員，吏旗軍餘一千七百五十名。

鎮南衛

建置：洪武十六年，置鎮南衛指揮使司。〔註51〕洪武二十六年《諸司職掌》所載，鎮南衛歸中軍都督府所屬。永樂十八年，鎮南衛調守北京。

駐地：中城，來字東鋪。

下屬：經歷司，鎮撫司，左、右、中、前、後千戶所，中前千戶所。

員額：領所七，指揮六員，千戶二十員，百戶三十八員，吏旗軍餘六百六十二名

〔註49〕《太祖實錄》卷一百八十七，《明實錄》4 冊，2799 頁。
〔註50〕《太宗實錄》卷十下，《明實錄》6 冊，169 頁。
〔註51〕《太祖實錄》卷一百五十五，《明實錄》4 冊，2417 頁。

水軍左衛

建置：原爲水軍衛，洪武三年，置水軍等二十四衛。〔註52〕洪武四年，改水軍衛爲水軍左、右二衛。〔註53〕後歸留守都衛所轄，洪武八年改隸大都督府。洪武十三年，水軍左衛歸屬左府統轄。永樂十八年，水軍左衛留守南京。

駐地：北城，求字西鋪。

下屬：經歷司，鎮撫司，左、右、中、前、後千戶所，中左千戶所，中右千戶所，中前千戶所，倉。

員額：領所六，指揮七員，千戶三十員，百戶三十五員，吏旗軍餘一千四百六十七名。

驍騎右衛

建置：原爲親軍衛。驍騎衛爲元至正二十四年所置十七衛親軍指揮使司之一。吳元年，改驍騎衛爲驍騎右衛親軍指揮使司。〔註54〕此後設驍騎前衛，又改驍騎衛爲龍虎衛，後又置驍騎中後二衛，又並驍騎前衛於左衛，中衛於右衛。後又改驍騎左衛爲府軍後衛。洪武十三年改大都督府爲五軍都督府，驍騎右衛不見記載，驍騎左衛歸左軍都督府統屬。洪武二十六年《諸司職掌》，驍騎左衛不見記載，驍騎右衛由左軍都督府統轄。永樂十八年，驍騎右衛調守北京。

駐地：北城，求字東鋪。

下屬：經歷司，鎮撫司，左、右、中、前、後千戶所，水軍千戶所，倉。

員額：領所六，指揮七員，千戶二十五員，百戶一十九員，吏旗軍餘六百八十九名。

龍虎衛

建置：龍虎衛前身爲驍騎衛，洪武二年，改驍騎衛爲龍虎衛。〔註55〕洪武五年改龍虎衛爲燕山護衛，又復置龍虎衛於浦子口。〔註56〕洪武十三年，

〔註52〕《太祖實錄》卷五十四，《明實錄》2冊，1061頁。
〔註53〕《太祖實錄》卷七十，《明實錄》2冊，1310頁。
〔註54〕《太祖實錄》卷二十二，《明實錄》1冊，322頁。
〔註55〕《太祖實錄》卷四十四，《明實錄》2冊，874頁。
〔註56〕《太祖實錄》卷七十一，《明實錄》2冊，1323頁。卷七十六，《明實錄》2冊，1398頁。

歸左軍都督府統屬。永樂十八年,龍虎衛調守北京。

　　駐地:江北浦子口城內。

　　下屬:經歷司,鎮撫司,左、右、中、前、後千戶所,水軍千戶所,倉。

　　員額:領所六,指揮九員,千戶十五員,百戶三十四員,吏旗軍餘九百九十九名。

　　英武衛

　　建置:原爲親軍衛,元至正二十四年置十七衛親軍指揮使司之一。洪武十一年設於定遠縣。〔註 57〕洪武十三年,歸左軍都督府統屬。永樂十八年,英武衛留守南京。

　　駐地:鳳陽府定遠縣東北四十五里。〔註 58〕

　　下屬:經歷司,鎮撫司,左、右、中、前、後千戶所,倉。

　　員額:領所五,指揮八員,千戶十員,百戶八員,吏操餘七百三十三名。

　　龍虎左衛

　　建置:原爲成都右護衛,宣德六年改調南京爲龍虎左衛。〔註 59〕

　　駐地:中城,恭字鋪。

　　下屬:經歷司,鎮撫司,左、右、中、前、後千戶所,倉。

　　員額:領所五,指揮十三員,千戶十七員,百戶三十五員,吏旗軍餘一千二百二十五名。

　　龍江右衛

　　建置:洪武二十五年,置龍江右衛。〔註 60〕

　　駐地:中城,分字鋪。

　　下屬:經歷司,鎮撫司,左、右、中、前、後千戶所,倉。

　　員額:領所五,指揮十三員,千戶二十八員,百戶三十九員,吏旗軍餘二千二十二名。

〔註 57〕　〔明〕高鶴〔嘉靖〕《定遠縣志》卷二,《四庫全書存目叢書》史部 196 冊,629 頁。

〔註 58〕　〔明〕高鶴〔嘉靖〕《定遠縣志》卷二,《四庫全書存目叢書》史部 196 冊,629 頁。

〔註 59〕　《宣宗實錄》卷八十三,《明實錄》12 冊,1917～1918 頁。

〔註 60〕　《太祖實錄》卷二百二十,《明實錄》5 冊,3228 頁。

瀋陽左衛

建置：洪武十九年，置瀋陽中左二衛。〔註61〕洪武二十六年《諸司職掌》，瀋陽左衛歸左軍都督府所屬。建文朝改瀋陽左衛為衡山護衛，瀋陽右衛為臨安護衛。洪武三十五年復置。〔註62〕永樂十八年，瀋陽左衛調守北京。

駐地：中城，白字鋪。

下屬：經歷司，鎮撫司，左、右、中、前、後千戶所，倉。

員額：領所五，指揮一員，千戶十二員，百戶十八員，吏旗軍餘八百四名。

瀋陽右衛

建置：洪武二十六年《諸司職掌》，左軍都督府所屬有瀋陽右衛。建文朝改置，洪武三十五年（建文四年）復置。永樂十八年遷都北京，瀋陽右衛調守北京。

駐地：和州。〔註63〕

下屬：經歷司，鎮撫司，左、右、中、前、後千戶所，倉。

員額：領所五，指揮八員，千戶十一員，百戶十一員，吏旗軍餘一百三十一名。

南京右軍都督府

留守右衛

建置：見留守中衛。

駐地：北城，求字西鋪。

下屬：經歷司，鎮撫司，三山門千戶所，石城門千戶所，清江門千戶所，定淮門千戶所，水軍千戶所，右千戶所，中中千戶所，倉。

員額：領所六，指揮七員，千戶十九員，百戶四十六員，吏旗軍餘一千九百名。

虎賁右衛

建置：吳元年所設。洪武十三年，歸右軍都督府統屬。永樂十八年，虎賁右衛調守北京。

〔註61〕《太祖實錄》卷一百七十九，《明實錄》4冊，2706頁。
〔註62〕《太宗實錄》卷十下，《明實錄》6冊，165頁。
〔註63〕〔明〕施沛《南京都察院志》卷十九，《四庫全書存目叢書補編》73冊，523頁。

駐地：中城，有字鋪。

下屬：經歷司，鎮撫司，左、右、中、前、後千戶所，中左千戶所，水軍千戶所，倉。

員額：領所七，指揮九員，千戶二十七員，百戶三十六員，吏旗軍餘九百二名。

武軍右衛

建置：見水軍左衛。洪武十三年，歸右軍都督府統屬。永樂十八年，水軍右衛留守南京。

駐地：北城，求字西鋪。

下屬：經歷司，鎮撫司，左、右、中、前、後千戶所，中左千戶所，中前千戶所，倉。

員額：領所七，指揮十二員，千戶十八員，百戶三十一員，吏旗軍餘一千四百四十一名。

武德衛

建置：原為親軍衛，元至正二十四年設十七衛親軍指揮使司之一。洪武十一年改武德衛為府軍前衛，後又改興武衛為武德衛。〔註 64〕洪武十三年，歸右軍都督府統屬。永樂十八年，武德衛調守北京。

駐地：江北浦子口城內。

下屬：經歷司，鎮撫司，左、右、中、前、後千戶所，水軍千戶所。

員額：領所六，指揮十一員，千戶十二員，百戶二十五員，吏旗軍匠餘七百一十名。

廣武衛

建置：元至正二十四年所設十七衛親軍指揮使司之一。洪武八年並鍾山衛部分兵員。〔註 65〕洪武十三年，歸右軍都督府統屬。永樂十八年遷都北京，廣武衛留守南京。

駐地：滁州朱龍橋。〔註 66〕

下屬：經歷司，鎮撫司，左、右、中、前、後千戶所。

〔註 64〕《太祖實錄》卷一百二十，《明實錄》3 冊，1956 頁。
〔註 65〕《太祖實錄》卷九十六，《明實錄》3 冊，1655 頁。
〔註 66〕〔明〕范景文《南樞志》卷五十一，1173 頁。

員額：領所五，指揮四員，千戶二十三員，百戶二十一員，吏操餘一千一百九十名。

南京前軍都督府

留守前衛

建置：見留守中衛。

駐地：南城，馴象街功字鋪。

下屬：經歷司，鎮撫司，江東馴象門千戶所，安德鳳臺門千戶所，雙橋夾岡門千戶所，上方高橋門千戶所，左、右、中、前、後千戶所，中中千戶所。

員額：領所八，指揮九員，千戶二十一員，百戶二十七員，吏旗軍餘一千五百五十一名。

龍江左衛

建置：龍江左衛的前身是親軍衛龍江衛。洪武三年，置龍江左衛親軍指揮使司。〔註 67〕洪武八年原屬留守都衛的龍江衛改爲直屬親軍指揮使司。洪武十三年，龍江衛由前軍都督府統屬。洪武二十五年秋改龍江衛爲龍江左衛。〔註 68〕

駐地：中城，河字鋪。

下屬：經歷司，鎮撫司，左、右、中、前、後千戶所，中左千戶所，中前千戶所，全椒屯田千戶所，倉。

員額：領所八，指揮十四員，千戶二十七員，百戶五十四員，吏旗軍餘一千五百零二名，

龍驤衛

建置：元至正二十四年所設十七衛親軍指揮使司之一。洪武五年與通州、吳興二衛合併。〔註 69〕洪武八年罷龍驤衛併入定遠衛，復改定遠衛爲龍驤衛。〔註 70〕洪武十三年，龍驤衛由前軍都督府統屬。永樂十八年遷都北京，龍驤衛調守北京。

駐地：北城，求字西鋪。

〔註 67〕《太祖實錄》卷五十一，《明實錄》2 冊，1010 頁。
〔註 68〕《太祖實錄》卷二百十九，《明實錄》5 冊，3216 頁。
〔註 69〕《太祖實錄》卷七十六，《明實錄》2 冊，1403 頁。
〔註 70〕《太祖實錄》卷九十六，《明實錄》3 冊，1655 頁。

　　下屬：經歷司，鎮撫司，左、右、中、前、後千戶所，全椒屯田千戶所，水軍千戶所。

　　員額：領所七，指揮十三員，千戶二十六員，百戶二十六員，吏旗軍餘三百零一名。

　　飛熊衛

　　建置：元至正二十四年所設十七衛親軍指揮使司之一。洪武元年改飛熊衛為大興左衛。〔註71〕後歸屬留守都衛，洪武八年改直轄親軍指揮使司。洪武十一年設於定遠縣。〔註72〕洪武十三年，飛熊衛歸屬前軍都督府。洪武十六年又置飛熊、豹韜二衛指揮使司於河南開封府。〔註73〕洪武二十六年《諸司職掌》，飛熊衛為前軍都督府統屬。永樂十八年，飛熊衛留守南京。

　　駐地：鳳陽府定遠縣東六十里。〔註74〕

　　下屬：經歷司，鎮撫司，左、右、中、前、後千戶所。

　　員額：領所五，指揮二員，千戶九員，百戶四員，吏操餘一千四十四名。

　　天策衛

　　建置：元至正二十四年所設十七衛親軍指揮使司之一。後歸屬留守都衛，洪武八年改直轄親軍指揮使司。洪武十三年，歸屬前軍都督府。永樂三年改為漢府護衛。〔註75〕永樂十八年，天策衛留守南京。

　　駐地：北城，求字東鋪。

　　下屬：經歷司，鎮撫司，左、右、中、前、後千戶所，水軍千戶所，全椒屯田千戶所，北倉，南倉。

　　員額：領所二，指揮九員，千戶十員，百戶十七員，吏旗軍匠餘五百八十六名。

　　豹韜衛

　　建置：元至正二十四年所設十七衛親軍指揮使司之一。洪武五年，以振

〔註71〕《太祖實錄》卷三十四，《明實錄》1冊，619頁。
〔註72〕〔明〕高鶴〔嘉靖〕《定遠縣志》卷二，《四庫全書存目叢書》史部196冊，629頁。
〔註73〕《太祖實錄》卷一百五十七，《明實錄》4冊，2434頁。
〔註74〕〔明〕高鶴〔嘉靖〕《定遠縣志》卷二，《四庫全書存目叢書》史部196冊，629頁。
〔註75〕《太宗實錄》卷三十九，《明實錄》6冊，650頁。

武、神武、鳳翔、英武、宣武、廣陵等十二衛餘軍併入豹韜衛。〔註76〕後歸屬留守都衛，洪武八年改直轄親軍指揮使司。洪武十三年，歸屬前軍都督府。洪武十六年置飛熊、豹韜二衛指揮使司於河南開封府。洪武二十六年《諸司職掌》，豹韜衛爲前軍都督府統屬。永樂十八年，豹韜衛調守北京。

　　駐地：中城，恭字鋪。

　　下屬：經歷司，鎮撫司，左、右、中、前、後千戶所，水軍千戶所，東倉，西倉。

　　員額：領所六，指揮六員，千戶十三員，百戶二十二員，吏旗軍餘六百七十七名。

豹韜左衛

建置：原爲成都中護衛，宣德六年調南京，改爲豹韜左衛。〔註77〕

　　駐地：中城，河字鋪。

　　下屬：經歷司，鎮撫司，左、右、中、前、後千戶所，中前千戶所，倉。

　　員額：領所六，指揮十五員，千戶十九員，百戶三十員，吏旗軍餘九百四十八名。

南京後軍都督府

留守後衛

建置：見留守前衛。

　　駐地：東城，欽天監附近。

　　下屬：經歷司，鎮撫司，滄波麒麟門千戶所，仙鶴姚坊門千戶所，觀音佛寧門千戶所，上元金川門千戶所，左中千戶所，中中千戶所。

　　員額：領所六，指揮三十九員，千戶一百三十六員，百戶八十員，吏旗軍餘二千三百七十四名。

橫海衛

建置：洪武四年，置橫海衛。〔註78〕後歸屬留守都衛，洪武八年改直轄親軍指揮使司。洪武十三年，歸屬後軍都督府。永樂十八年遷都北京，橫海衛留守南京。

　　駐地：江北浦子口城內。

〔註76〕《太祖實錄》卷七十一，《明實錄》2冊，1316頁。

〔註77〕《宣宗實錄》卷八十三，《明實錄》12冊，1917～1918頁。

〔註78〕《太祖實錄》卷七十，《明實錄》2冊，1310頁。

下屬：經歷司，鎮撫司，左、右、中、前、後千戶所，中左千戶所，倉。

員額：領所六，指揮十一員，千戶十七員，百戶六十二員，吏旗軍餘九百二十五名。

鷹揚衛

建置：元至正二十四年所設十七衛親軍指揮使司之一。後歸屬留守都衛，洪武八年改直轄親軍指揮使司。洪武十三年，歸屬後軍都督府。永樂十八年，鷹揚衛調守北京。

駐地：北城，求字西鋪。

下屬：經歷司，鎮撫司，左、右、中、前、後千戶所，水軍千戶所，烏江屯田千戶所，倉。

員額：領所七，指揮七十二員，千戶一百零八員，百戶一百零二員，吏旗軍餘一千三百三十名。

興武衛

建置：元至正二十四年所設十七衛親軍指揮使司之一。洪武五年與振武衛合併。〔註79〕洪武十一年改興武衛爲武德衛，後復置興武衛親軍指揮使司。〔註80〕洪武十三年，興武衛由後軍都督府統屬。永樂十八年，興武衛調守北京。

駐地：北城，求字東鋪。

下屬：經歷司，鎮撫司，左、右、中、前、後千戶所，中左千戶所，水軍千戶所，南倉，北倉。

員額：領所七，指揮四十一員，千戶一百二十三員，百戶一百零五員，吏旗軍餘一千三百四十一名。

江陰衛

建置：洪武元年，升江陰千戶所爲江陰衛。〔註81〕後歸屬留守都衛，洪武八年改直轄親軍指揮使司。洪武十三年，江陰衛由後軍都督府統屬。永樂十八年，江陰衛留守南京。

駐地：北城，求字西鋪。

〔註79〕《太祖實錄》卷七十六，《明實錄》2冊，1403頁。

〔註80〕《太祖實錄》卷一百二十，卷一百二十一，《明實錄》3冊，1956頁，1964頁。

〔註81〕《太祖實錄》卷三十四，《明實錄》1冊，621頁。

下屬：經歷司，鎮撫司，左、右、中、前、後千戶所，中前千戶所，倉。

員額：領所七，指揮十一員，千戶二十一員，百戶三十四員，吏旗軍餘一千三百九十六名。

以上為南京四十九衛、二直屬千戶所。南京四十九衛中，駐地在南京都城內三十六衛，中城十三衛：鎮南衛、虎賁左衛、龍虎右衛、豹韜右衛、金吾左衛、金吾右衛、瀋陽左衛、羽林前衛、龍江右衛、羽林右衛、龍江左衛、豹韜左衛、虎賁右衛。東城九衛：錦衣衛、旗手衛、留守後衛、府軍衛、金吾前衛、府軍右衛、留守左衛、羽林左衛、金吾後衛。北城十四衛：府軍後衛、驍騎右衛、府軍左衛、興武衛、天策衛、留守右衛、留守中衛、龍驤衛、鷹揚衛、神策衛、水軍左衛、水軍右衛、廣洋衛、江陰衛。南京都城外三衛：濟川衛、孝陵衛、留守前衛。江北江浦縣六衛：江淮衛、應天衛、和陽衛、龍虎衛、武德衛、橫海衛。和州一衛：瀋陽右衛。滁州一衛：廣武衛。定遠縣二衛：飛熊衛、英武衛。二直屬千戶所：犧牲所正陽門外，牧馬所朝陽門外。

南京衛所中，下屬機構最多的為錦衣衛，下轄千戶所十六。下屬機構最少的為天策衛，下轄千戶所二。官員最多的為鷹揚衛，指揮七十二員，千戶一百零八員，百戶一百零二員，共兩百八十二員。官員最少的為飛熊衛。指揮二員，千戶九員，百戶四員，共十五員。軍士等員額最多的為江淮衛，吏夫四千二百三十九名。軍士等員額最少的為和陽衛，吏旗軍餘一百一十五名，比犧牲千戶所還少。衛所官員指揮、千戶、百戶常常數十上百人，是由於官員分見任管事和帶薪差操兩類，後者不在職，寄祿而已。吏旗軍餘中，吏為吏員，旗為旗軍。軍餘為旗軍的家人。明代的軍士包含兩類人員，一類為正軍，或稱旗軍，即在籍軍人。明代軍人為世襲，軍戶子承父業，每戶一丁於所屬衛所服役。一類為軍餘，或稱餘丁，軍戶除一丁服軍役外，還需出一丁隨正軍至所屬衛所，幫貼正軍日常所需。明中後期往往一軍戶餘丁數人。餘丁非正式軍人，但在正軍缺員等情況下常承擔各類任務，也有固定口糧等供給，明代中後期，南京單身正軍月糧六斗，操備餘丁四斗。

3. 南京軍營

南京外守備、協同守備統領下的軍隊編制為四十九衛和二直屬千戶所，南京衛所的操練場所為南京各軍營。明代中後期，南京軍營也成為作戰單

位。南京各營由奉敕管操武臣統領操練，內外守備參贊機務閱視，南京兵部委主事等官一員、同南京科道官查點。南京營的高級官員坐營官由兵部推補，中級官員把總官等由南京兵部選用。

南京軍營在明初設有五營，大教場營、小教場營、神機營稱三大營，此為陸營，又有水營新江口營，江北浦子口又有陸營浦子口營。嘉靖間建池河營、振武營、巡邏營。萬曆間又設水兵營、陸兵營、標營。其中負有守衛南京之責時間最長、責任最重的是國初所設五營，嘉靖間任南京兵部尚書的韓邦奇在《陳愚慮以奠江防以固重地事》也言：「我國家以南京都城根本重地，據長江天險，分京城各衛官軍為五營，在城三營神機營、大教場、小教場，京城之外二營，江南設新江口水軍以御水寇，江北設浦子口陸軍以御陸寇，水陸二軍南北掎角互為聲勢，使水寇不得以登岸，陸寇不得以渡江，雖二軍不同，皆以拱衛都城，五營通屬內外守備、參贊尚書節制。」〔註82〕嘉靖間所設池河營，遠在定遠縣。振武營以兵變裁撤。巡邏營負責治安巡邏，兵員於大小教場、神機營選用。萬曆間為防禦倭警，召募浙直官兵組成水兵營、陸兵營，士兵主要來自招募，不屬南京衛所。萬曆間設立標營，選調各營精兵組成，人數雖少，戰鬥力較強。

下面主要依據崇禎間所修《南樞志》分述各營：〔註83〕

大教場三營

坐落正陽門外地方。今南京仍有大教場地名，在光華門以南。

提督營務都督或侯伯一員，坐營都指揮三員，步軍五千零五名，馬軍五百八十名，每軍五十名為一隊，每隊管隊官一員，點隊官旗一員。

南京衛所操備官軍：錦衣衛、府軍左衛、府軍右衛、金吾右衛、金吾前衛、金吾後衛、羽林左衛、虎賁左衛、留守左衛、瀋陽右衛、留守右衛、豹韜衛、鷹揚衛、典牧所，驍騎右衛、濟川衛。

小教場三營

坐落太平門裏地方。小教場亦稱小營，今南京仍有小營地名，位於珠江路東端以北，今為解放軍機關駐地。

提督營務都督或侯伯一員，坐營都指揮三員，步軍五千五百零六名，馬軍六百四十一名。

〔註82〕　〔明〕韓邦奇《苑洛集》卷十六，《景印文淵閣四庫全書》1269 冊，619 頁。
〔註83〕　〔明〕范景文《南樞志》卷六十九，2011～2048 頁。

南京衛所操備官軍：府軍後衛、留守中衛、廣洋衛、神策衛、牧馬所、龍江左衛、龍虎左衛、水軍左衛、瀋陽左衛、鎮南衛、水軍右衛、龍江右衛、豹韜左衛、龍驤衛、天策衛、留守後衛、興武衛、江陰衛。

神機營

坐落正陽門外地方。神機營與大教場營同設在大教場，成化九年（1473），移置南京神機營於城外大教場。〔註84〕

提督營務都督或侯伯一員，帶官巡邏坐營都指揮一員，步軍二千三百零二名，馬軍一百五十六名。

南京衛所操備官軍：旗手衛、府軍衛、金吾左衛、羽林右衛、虎賁右衛、留守前衛。

新江口三營

坐落江東門外地方。

提督營務操江兼管巡江侯伯或都督一員，都察院都御史一員。坐營都指揮四員，步軍五千七百三十四名，馬軍一百九十名。

南京衛所操備官軍：永樂初年挑選南京五十二衛所官軍在營操演。

浦子口營

坐落江北浦城地方。今南京浦口區仍存浦子口城遺址。

守禦都指揮一員，把總指揮二員，步軍一千六百九十四員名，馬軍一百三十五名。

南京衛所操備官軍：應天衛、和陽衛、橫海衛、龍虎衛、江淮衛、武德衛。

池河營

坐落江北飛熊衛地方，與池驛相近，離南京二百零二里。位於今安徽省定遠縣池河鎮。嘉靖十三年南京兵部議設。〔註85〕

巡視屯田緝捕盜賊都指揮一員，把總指揮二員，額設舍餘餘丁三千名。

南京衛所操備舍餘餘丁：廣武衛、飛熊衛、英武衛。

巡邏營

提督長官為南京神機營坐營都督兼管，設坐營官都指揮一員。嘉靖四十五年設立，於大小教場、神機營選用兵員組成。南京城劃分為中東西南北五

〔註84〕《憲宗實錄》卷一百十五，《明實錄》24 冊，2228 頁。
〔註85〕〔明〕潘季馴《潘司空奏疏》卷二《條陳部司緊切事宜疏》，《景印文淵閣四庫全書》430 冊，33 頁。

城，城內城外分片巡邏。其設置如下：

中城巡邏把總指揮二員，衛總千百戶或指揮八員，步軍七百九十七名，馬軍二百零八名。東城巡邏把總指揮二員，衛總千百戶或指揮四員，步軍六百零五名，馬軍一百二十三名。城外遊巡衛總二員，步軍一百九十三名，馬軍二十名。西城巡邏把總指揮二員，衛總千百戶或指揮四員，步軍九十五名，馬軍一百二十二名。城外遊巡衛總二員，步軍一百五十八名，馬軍十五名。北城巡邏把總指揮二員，衛總千百戶或指揮四員，步軍四百六十七名，馬軍一百零六名。城外遊巡衛總二員，步軍一百八十九名，馬軍二十五名。南城不專設巡邏，止遊巡衛總二員，步軍一百四十九名，馬軍十六名。

水兵營

坐落定淮門外地方。萬曆二十年設立，招募浙直官兵組成。

坐營都指揮一員，名色把總官四員，兵士共一千三百四十九名。

陸兵營

坐落金川門外地方。萬曆二十年設立，招募浙直官兵組成。

坐營都指揮一員，名色把總官四員，兵士共一千四百八十二名。

標營

坐落正陽門內柳樹灣地方。今南京仍有標營地名，在御道街中段五龍橋以東，明代此處附近有南京宗人府、南京吏部等。萬曆三十五年南京兵部尚書孫鑛奏請設立，挑選各營精銳組成。

中軍參將官一員，把總官三員，標兵三千名。

南京衛所官軍分別在南京各軍營操練，不見於上述軍營記載者，只有親軍衛所中的羽林前衛、孝陵衛、犧牲千戶所。

南京各軍營管理制度略有不同，大教場、小教場、神機營為明初三大營，擔負南京城防，官員和士卒數額較多，軍營最高官員為提督營務都督或侯伯一員，其下負責管事為坐營都指揮數員。新江口營主要負責長江防務，不僅僅是南京城防，除與三大營相同的提督營務都督或侯伯一員外，還有南京都察院所屬操江副都御史或僉都御史一員直接管理，分別稱為武操江和文操江，實際由操江都御史負責，其下具體管事為坐營都指揮數員。浦子口營、池河營級別較低，浦子口營負責守禦江北浦子口城等，最高官員為守禦都指揮。池河營遠在江北定遠縣，操練士兵來自飛熊、英武、廣武三衛餘丁，最高官員為巡視屯田緝捕盜賊都指揮。標營最後設立，由南京兵部尚書直接管

轄，軍營最高官員爲中軍參將官，由於選拔各營健勇之士組成，是南京各營中最精銳的。水兵營、陸兵營爲防禦倭警召募浙直官兵組成，巡邏營主要負責城市治安夜巡，此三營兵力較少。上述各軍營均受南京內外守備、參贊機務節制。

南京軍營操練在春秋二季，大小教場、神機、巡邏、浦口等五營，每年春秋二季開操數日後，參贊機務南京兵部尙書會同內外守備臨營閱視各一次。每年春秋二季歇操數日前，南京兵部擇定日期，札行大教場坐營官轉呈內外守備、巡視科道並大小教場、神機營各都督，召集五營官軍團聚大教場內，內外守備、參贊機務會同閱視。江北浦口、池河二營由南京兵部職方司主事會同巡視科道及都督至二營閱視一次。各營官軍操期，二月十五日上操，五月十五日歇操，八月十五日上操，十一月十五日歇操。其上操之期，又各輪班五日歇十日。〔註86〕

軍營操練內容，起於洪武間，後歷朝又有增補，洪武六年（1373）定教練軍士律，騎卒必善馳射及槍刀，步兵必善弓弩及銃。凡射十二箭，內六箭遠可到、近可中者爲試中。遠可到，將士以一百六十步，軍士以一百二十步。近可中，以五十步。凡射弩，每用十二箭，內五箭遠可到，蹶張以八十步，劃車以六十步。凡用槍，以進退習熟爲試中。

具體獎懲制度也有規定，其所試軍士，如騎卒騎射便熟善槍刀，步軍善弓弩及槍者，所管指揮、千百戶、總小旗各以其能受賞。不中者降罰。軍士中者受賞，不中者亦給錢六百文爲道里費。指揮所管軍士一千人內，三百人至四百人不中者，住俸四個月。四百人至五百人不中者，住俸半年。五百人至六百人不中者，住俸十個月。六百人至七百人不中者，住俸一年。七百人以上不中者，指揮使降同知、同知降僉事、僉事降千戶。〔註87〕

4. 南京城門和孝陵的守衛

明代南京城的把守可分爲四層，最外圍爲外城，十八門關，江東門、馴象門、大安德門、小安德門、鳳臺門、雙橋門、夾崗門、上坊門、高橋門、滄波門、麒麟門、仙鶴門、姚坊門、觀音門、佛寧門、上元門、外金川門、石城關。其次爲裏城，即現存南京城牆所環繞的南京都城，十三門，正陽門，朝陽門，太平門，神策門，金川門，鍾阜門，儀鳳門，定淮門，清江門，石

〔註86〕 參見《南樞志》卷七十，2049～2051 頁。
〔註87〕 《〔萬曆〕大明會典》卷一百三十四，《續修四庫全書》791 冊，361 頁。

城門，三山門，聚寶門，通濟門。再裏爲皇城，承天門、長安左門、長安右門、東安門、西安門、北安門六門。最內圍爲大內，午門、左掖門、右掖門、東華門、西華門、玄武門六門。皇城與大內各門合稱皇城四門。

　　萬曆中期意大利傳敎士利瑪竇見到的南京城，爲三重城牆環繞。其中第一層和最裏面的一重，也是最華麗的，包括皇宮。第二重牆有十二座門。門包以鐵皮，門內有大炮守衛。第三重和最外的牆是不連續的。〔註88〕第一重即皇城和大內，第二重爲裏城（都城），第三重爲外城。

　　南京外城十八門關由南京留守前衛、留守後衛把守，其中自南京西南至東南的石城關、江東門、馴象門、小安德門、大安德門、鳳臺門、雙橋門、夾岡門、上坊門、高橋門十門關爲留守前衛把守。自東南至西北的滄波門、麒麟門、仙鶴門、姚坊門、觀音門、佛寧門、上元門、外金川門八門由留守後衛把守。

　　南京城門制度守衛設於明初，外城兩城門設一千戶所把守，洪熙元年，南京留守前衛所轄江東馴象、安德鳳臺、雙橋夾岡、上方高橋八門四千戶所，南京留守後衛所轄滄波麒麟、仙鶴姚坊、觀音佛寧、上元金川八門四千戶所。〔註89〕萬曆間《大明一統文武諸司衙門官制》所載南京衛所設置，仍然沿襲明初。〔註90〕其中留守前衛安德鳳臺門千戶所，管轄的安德門爲大安德門和小安德門，石城關鄰近江東門，明初以後所設，當由江東馴象門千戶所管轄。

　　外十八門關，每門關收貯字號魚尾令牌二面，江東等十門關隸於留守前衛，滄波等八門隸於留守後衛。封驗鎖鑰屬該衛鎮撫，而撞鎖屬各所百戶查點。其中外十七門各設有把總指揮二員負責把守，間用千百戶。設千百戶二員盤查出入，管事軍二名以司啓閉，守門軍人六十名。石城關無盤查千百戶二員。守門官軍分兩班，五日一次輪班防守。〔註91〕

　　裏城十三門由南京留守左衛、留守右衛、留守中衛把守，南面、東面五門歸屬留守左衛，西面四門歸屬留守右衛，北面四門歸屬留守中衛。裏城安全重於外城，每門設一千戶所，洪熙元年，南京留守左衛所轄聚寶、通濟、正陽、朝陽、太平五門五千戶所，南京留守右衛所轄三山、石城、淸涼、定

〔註88〕　（意）利瑪竇著，何高濟等譯《利瑪竇中國札記》第三卷第十章《利瑪竇神父被驅逐出南京》，287 頁。

〔註89〕　《仁宗實錄》卷六下，《明實錄》9 冊，225 頁。

〔註90〕　《大明一統文武諸司衙門官制》卷一，《續修四庫全書》748 冊，453～454 頁。

〔註91〕　〔明〕施沛《南京都察院志》卷二十四，《四庫全書存目叢書補編》73 冊，688 頁。

淮四門四千戶所，南京留守中衛所轄金川、神策、鍾阜、儀鳳四門四千戶所。
〔註92〕《大明一統文武諸司衙門官制》所載大致相同，惟南京中軍都督府所
轄鍾阜門千戶所不見記載。

　　裏城各門守衛嚴於外城，各門設有字號圓令牌二面，每遇朔望，各門把
總指揮親赴中軍都督府過堂。中軍都督府委派有東西長巡鎮撫二員，帶領軍
人每夜於鼓樓請令，赴各門合牌驗鎖。又有短巡千百戶每門二員，帶領軍人
上下半夜撞鎖以愼關防。裏十三門鎖鑰由南京中軍都督府經歷掌管，每日清
晨同各門盤詰官一員，督領軍人二名，抬鎖軍人二名，在中軍都督府經歷司
封驗其鑰匙，隨交收貯。每日午後各門官同軍人二名申領，至晚取回。

　　裏十三門每門設把總指揮二員負責把守，千百戶六員盤查出入，管事軍
二名以司啓閉，軍人一百名守衛城門。官軍分為兩班，五日一換。〔註93〕

　　南京皇城十二門由親軍衛中的十三衛負責把守，這十三衛是旗手衛、府
軍衛、府軍左衛、府軍右衛、府軍後衛、金吾前衛、金吾左衛、金吾右衛、
金吾後衛、羽林前衛、羽林左衛、羽林右衛、虎賁左衛。各衛或輪守或獨自
把守：

　　承天門、長安左門。府軍衛、金吾前衛、旗手衛、虎賁左衛輪守。

　　午門、長安右門。旗手衛、虎賁左衛、府軍衛、金吾前衛輪守。

　　左掖門。金吾左衛守。

　　右掖門。羽林前衛守。

　　東華門。羽林左衛、府軍左衛輪守。

　　東安門。府軍左衛、羽林左衛輪守。

　　西華門。羽林右衛、府軍右衛、金吾右衛輪守。

　　西安門。府軍右衛、羽林右衛輪守。

　　玄武門。金吾後衛、府軍後衛輪守。

　　北安門。府軍後衛、金吾後衛輪守。

　　原額守衛官二百三十五員，帶刀官二十二員，旗軍五千九百二十二名。
見在守衛指揮四十四員，管隊千戶五十六員，百戶二十九員，帶刀千戶十二
員，百戶七員，旗軍二千五百六十七名。〔註94〕

〔註92〕　《仁宗實錄》卷六下，《明實錄》9 冊，225 頁。

〔註93〕　〔明〕施沛《南京都察院志》卷二十四，《四庫全書存目叢書補編》73 冊，677
　　　　　頁。

〔註94〕　〔明〕祁承爜等《南京兵部車駕司職掌》卷二，中國第一歷史檔案館、遼寧

孝陵爲明太祖朱元璋的陵寢，洪武三十一年（1398）太祖崩，葬孝陵，設孝陵衛守護。孝陵衛爲武職衙門，孝陵還設有內府衙門孝陵神宮監，文職衙門南京太常寺下屬孝陵祠祭署。每歲聖旦、正旦、孟冬、忌辰，酒果行香。清明、中元、冬至，太牢致祭。國有大事，遣大臣祭告。親王之國過南京者、官員以公事入城者俱謁陵，出城者詣辭。「嘉靖四十一年（1562）題准，孝陵衛正軍五百名，專聽神宮監差撥。其餘丁一千七百四十九名仍行把總官統領，居常隨營操練。有警專護陵寢，不許混同營兵一體調發。」〔註95〕萬曆、天啓間孝陵衛軍士總計四千餘名，〔註96〕在南京四十九衛中僅次於江淮衛，而其職責即專守孝陵，無屯田、漕運、上供船運諸役，可見明朝廷對其職責的重視。

守護孝陵最重要的是防護陵寢建築，其次就是禁止砍伐樹木，盜發古墓等。嘉靖八年（1529），有人盜發孝陵旁古墓，朝廷命南京法司逮問守護指揮並巡山、巡捕、守把內外官校，刑部參劾南京守備魏國公徐鵬舉、南和伯方壽祥、南京兵部尚書王憲。朝廷責鵬舉、壽祥對狀。〔註97〕守護孝陵的相關法律非常嚴屬，有時高級官員觸犯也不例外，隆慶三年（1569），南京神宮監太監王成釆以盜伐孝陵樹木論斬。〔註98〕

孝陵衛的職責不僅防護孝陵，孝陵之左的懿文太子陵，孝陵所在的神烈山（鍾山）均爲其守護範圍，「山前山後，各有禁限，若有盜砍樹株者，驗實眞正椿楛，比照盜大祀神御物斬罪奏請定奪，爲從者發邊衛充軍。取土取石、開窯燒造、放火燒山者，俱照前擬斷。其孝陵神烈山鋪舍以外去牆二十里，敢有開山取石、安插墳墓、築鑿臺池者，枷號一個月，發邊衛充軍。」〔註99〕

四、外守備、協同守備的作用

南京外守備自永樂二十二年（1424）設置，協同守備自景泰元年（1450）設置，中間協同守備曾經革置，至崇禎十七年（1644）明亡，二百餘年時間

省檔案館編《中國明朝檔案總匯》，廣西師範大學出版社 2001 年，78 冊，379～383 頁。

〔註95〕《〔萬曆〕大明會典》卷一百五十八，《續修四庫全書》791 冊，657 頁。
〔註96〕〔明〕施沛《南京都察院志》卷十二，《四庫全書存目叢書補編》73 冊，688 頁。
〔註97〕《世宗實錄》卷一百三，《明實錄》41 冊，2433 頁。
〔註98〕《穆宗實錄》卷四十，《明實錄》50 冊，1001 頁。
〔註99〕《〔萬曆〕大明會典》卷一百六十八，《續修四庫全書》792 冊，58 頁。

裏，南京外守備、協同守備在守備南京中所發揮的作用，在守備制度中的地位不斷變化，呈現出初重後輕的趨勢。

永樂末至景泰間可稱之爲初期，外守備一職主要由襄城伯李隆和豐城侯李賢擔任，南京外守備在守備制度中處於首要地位。天順至隆慶間可稱爲中期，這一時期，南京外守備不再處於首要地位，但基本穩定，外守備主要由魏國公和成國公兩大家族擔任。萬曆至崇禎爲晚期，外守備所起的作用已被參贊機務替代。作爲武職官員的協同守備，只是南京外守備的副手，參與和守備南京相關的事務，實際職掌只是統領本身所掌管的一都督府，加上協同守備一職更迭頻繁，在守備官員中所起作用最小。

1. 初期的外守備：李隆和李賢

歷任南京外守備中權責最重、聲望最高的爲首任外守備襄城伯李隆。自永樂二十二年（1424）任至正統五年（1440），李賢《天順日錄》「守南京數十年，鎮之以靜，最識大體，富貴尊嚴擬於王者。雅重斯文，接儒者之禮萬恭，以此上下官僚無不敬畏。」由於其深受軍民愛戴，以至於引起朝廷疑心，被召回，「正統中，以得人心見疑，召來京師，始近聲妓爲自安計，數年終於第。自後代者數易其人，終莫能繼。」〔註100〕王直《抑庵文集》卷十有《襄城伯李公墓誌銘》。〔註101〕

李隆（1393～1447），字彥平，號湛然道人。祖籍和州，父濬以靖難功授襄城伯。隆年十五襲爵，雖甚少而負英偉之資。永樂間北伐常命其領兵，老於行陣者亦多讓其能。永樂十四年（1416），太宗留北京，命其留守南京。永樂二十二年（1424）仁宗即位，命爲總兵鎮山海關，東北邊關皆聽節制。旋還南京。宣宗、英宗嗣位，均有白金文綺之賜，深負重託。正統五年（1440），召還北京，掌管禁軍。在南京十六年，負列朝皇帝知遇，前後所賜敕諭幾二百道。南京軍民皆敬愛之，召還之日自都城至江上泣送者相屬於路。正統十一年（1446），命率師巡邊，賜之鈔幣及寶刀，申飭守備，內外整肅。英宗閱武近郊，隆等嚴兵以待，戎陣整肅。閒居手不釋卷，古聖賢之言行皆服行不忘。

李隆墓誌銘言其前後受賜敕諭近二百道，從《明實錄》所載明廷與李隆的敕諭中可看出，李隆任南京守備時，管轄範圍很廣，遠遠超出南京，北至

〔註100〕〔明〕李賢《天順日錄》，《續修四庫全書》433 冊，227 頁。
〔註101〕〔明〕王直《抑庵文集》，《景印文淵閣四庫全書》1241 冊，209～211 頁。

揚州，東至蘇州。洪熙元年（1425）二月，敕守南京襄城伯李隆等，「直隸鎮江、常州、蘇州一路強賊出沒劫掠，即量官軍船隻，愼選廉公有智頭目率領前去襲捕。」〔註102〕洪熙元年三月，敕守南京襄城伯李隆，「蘇松等府頑民以取魚爲名，用船往來江上行劫。又揚州各縣無藉之徒，每二三十人共一舟，載私鹽於鎮常等處發賣，就殺人劫財。即選精壯軍士，簡的當頭目管領前去追捕。」〔註103〕宣德九年（1434），直隸蘇常等府橫民糾合無藉聚湖蕩間，乘舟操兵登岸劫掠，有殺傷人命者，「敕南京守備襄城伯李隆等督原差捕盜官同附近衛所府縣及巡檢司捕之」。〔註104〕

李隆奏疏中也可見其管轄地域超出南京，如揚州府所轄瓜州鎮巡檢司，正統五年（1440），「南京守備襄城伯李隆奏，瓜州鎮巡檢司巡得魯府長史司軍周雄往直隸常州府市茶歸，以武進縣船載之，茶無引照。」〔註105〕

仁宗、宣宗兩朝，南京復爲首都，故南京的建設和維護爲朝廷關注，宣德四年（1429）三月敕襄城伯李隆等督軍夫工匠修孝陵牆垣。〔註106〕宣德四年夏四月命襄城伯李隆以軍匠修南京社稷壇四門。〔註107〕

南京城治安防盜等也是其職責，宣德九年（1434）春，南京太監羅智等奏有盜孝陵殿祭器者，神宮監官苗青、孝陵衛指揮蕭昱等防護不謹請治其罪，敕襄城伯李隆、僉都御史吳訥嚴督五城兵馬獲盜，然後治青等罪。〔註108〕宣德九年三月，又敕南京守備襄城伯李隆與僉都御史吳訥等論決強盜。〔註109〕

此外還有提督屯田，調撥馬快船等，宣德八年（1433），敕南京守備襄城伯李隆同巡撫侍郎周忱總督南京各衛所屯田。〔註110〕正統元年（1436），南京守備襄城伯李隆等令編馬快船，每五十隻爲一班，遇有官物差撥裝送。〔註111〕

除奉命完成朝廷各類敕命，李隆所上的奏疏，也對守備南京建言獻策，首先是軍隊事務，諸如後勤供應之類，洪熙元年（1425），襄城伯李隆言外衛

〔註102〕《仁宗實錄》卷七上，《明實錄》9 冊，234 頁。
〔註103〕《仁宗實錄》卷八下，《明實錄》9 冊，266 頁。
〔註104〕《宣宗實錄》卷一百九，《明實錄》12 冊，2455 頁。
〔註105〕《英宗實錄》卷六十八，《明實錄》14 冊，1319 頁。
〔註106〕《宣宗實錄》卷五十二，《明實錄》11 冊，1245 頁。
〔註107〕《宣宗實錄》卷五十三，《明實錄》11 冊，1275 頁。
〔註108〕《宣宗實錄》卷一百八，《明實錄》12 冊，2414 頁。
〔註109〕《宣宗實錄》卷一百九，《明實錄》12 冊，2449 頁。
〔註110〕《宣宗實錄》卷九十八，《明實錄》12 冊，2214 頁。
〔註111〕《英宗實錄》卷十五，《明實錄》13 冊，289 頁。

官軍自番國還者俱留南京聽用而月糧未支。朝廷命按月給糧。〔註112〕

宣德元年（1426）五月，李隆奏南京軍官應襲子侄八百餘人無馬騎操。朝廷命以太僕寺孳生馬駒給之。〔註113〕

宣德元年九月，李隆奏南京操備官軍多乏軍器及各城門缺火器。朝廷命命兵仗局給之。〔註114〕

宣德十年（1435），李隆奏皇城四門及正陽等十三門守衛官軍盔甲旗槍弓刀等器年久損敝，請令工部遣官匠與各衛官軍協力修治。朝廷准奏。〔註115〕

正統四年（1439），朝廷批准李隆奏請，給南京興武等衛官軍馬二千五百八十五匹。〔註116〕

除軍隊事務，李隆所奏還包括安全事務，如宣德六年（1431），應天府溧陽縣錢成等招集土黨，殺人焚廬舍，從者六十四人，有司捕之不獲。李隆奏聞，敕李隆發兵捕之，悉就獲，斬於市。〔註117〕

監督官員，宣德六年，南京錦衣衛捕獲繫囚之脫逃者，錦衣衛指揮僉事徐景璜與指揮使張瑛徑械送北京。守備襄城伯李隆以其違例不關白，奏之。讁徐景璜及其弟千戶景瑜戍隆慶衛。〔註118〕

管理工程夫役，宣德元年，李隆奏修理南京殿宇將完，民夫當放遣，官軍就留操備，原借用平江伯陳瑄運糧官軍七千人仍令運糧。朝廷准奏。〔註119〕

宣德三年（1428），李隆奏言內府庫及光祿寺常起人夫修理，近又增工匠數千人，俱是江寧上元二縣坊廂用錢雇募，不免艱難。朝廷命罷南京諸司修造夫匠。〔註120〕

南京城牆、河堤等建築的維護，宣德四年（1429），李隆奏聚寶門城臺開裂滲漏，恐致傾圮，請以軍夫協力修治。朝廷准奏。〔註121〕

正統五年（1440），李隆奏積雨壞南京中新河上新河堤，濟川衛新江口防

〔註112〕 《宣宗實錄》卷二，《明實錄》10冊，34頁。
〔註113〕 《宣宗實錄》卷十七，《明實錄》10冊，461頁。
〔註114〕 《宣宗實錄》卷二十一，《明實錄》10冊，565頁。
〔註115〕 《英宗實錄》卷六，《明實錄》13冊，118頁。
〔註116〕 《英宗實錄》卷五十九，《明實錄》14冊，1127頁。
〔註117〕 《宣宗實錄》卷七十八，《明實錄》12冊，1813～1814頁。
〔註118〕 《宣宗實錄》卷八十五，《明實錄》12冊，1967頁。
〔註119〕 《宣宗實錄》卷二十二，《明實錄》10冊，591頁。
〔註120〕 《宣宗實錄》卷四十一，《明實錄》11冊，996頁。
〔註121〕 《宣宗實錄》卷五十二，《明實錄》11冊，1246頁。

水堤，請俟水退量撥丁夫修築。朝廷准奏。〔註122〕

　　李隆的繼任者豐城侯李賢，自正統五年（1440）任至景泰二年（1451）十一月卒。李賢祖籍鳳陽府定遠縣，父彬永樂元年（1403）以靖難功封豐城侯，賢永樂二十一年（1423）嗣爵，正統二年（1437）佩征西將軍印充總兵鎮守大同，正統五年奉命守備南京，景泰二年終於任上。贈豐國公，諡忠憲。李賢的履歷沒有李隆豐富，聲望也不如李隆，《英宗實錄》李賢小傳言其「繼襄城伯後，事多廢弛而不能馭下，屢爲諫臺所劾奏。」李賢任守備十餘年，對南京安全守衛亦多有貢獻，《英宗實錄》所記李賢事較多，不能僅以事多廢弛不能馭下概之。

　　正統六年（1441），豐城侯李賢、戶部右侍郎張鳳奏南京米價騰湧，軍民艱食，發錦衣等衛倉糧糶以濟之。〔註123〕

　　正統七年（1442），應李賢奏請，朝廷命築南京浦子口大勝關堤。〔註124〕

　　正統八年（1443），應李賢奏請，朝廷命給南京興武等衛官軍馬九百二十四匹。〔註125〕

　　正統九年（1444），應李賢奏請，免徵南京各衛差操屯軍餘糧。〔註126〕

　　正統十年（1445），李賢言南京孝陵衛指揮使葛覃私與王府交通結親，請治其罪。〔註127〕

　　正統十二年（1447），李賢言南京戰船損敝，朝廷命南京工部改造操江戰快船五百餘艘。〔註128〕

　　正統十四年（1449），從守備豐城侯李賢奏請，朝廷命修南京正陽等十一門樓鋪官廳及城夯滲漏處。〔註129〕

　　景泰元年（1450），李賢奏南京武學官舍有肄業五七年未嘗學習弓馬者，請以年深及年長者俱於教場操習，每月二次赴學聽講。朝廷准奏。〔註130〕

　　李賢的繼任者寧遠伯任禮本一士卒，以軍功封伯，是南京守備武臣中惟

〔註122〕《英宗實錄》卷六十八，《明實錄》14冊，1318頁。
〔註123〕《英宗實錄》卷八十三，《明實錄》15冊，1661頁。
〔註124〕《英宗實錄》卷九十四，《明實錄》15冊，1891頁。
〔註125〕《英宗實錄》卷一百，《明實錄》15冊，2014頁。
〔註126〕《英宗實錄》卷一百二十四，《明實錄》16冊，2485～2486頁。
〔註127〕《英宗實錄》卷一百三十五，《明實錄》16冊，2691頁。
〔註128〕《英宗實錄》卷一百四十九，《明實錄》16冊，2922頁。
〔註129〕《英宗實錄》卷一百八十三，《明實錄》17冊，3589頁。
〔註130〕《英宗實錄》卷一百九十一，《明實錄》18冊，3975頁。

一的始封勳臣。《明史》卷一五五爲其列傳，是南京守備武臣中傳記最詳的。任禮字尚義，河南臨漳縣人，洪武末隸籍大興衛，從靖內難，屢征討有功，歷升左都督，正統三年（1438）進封伯爵。守甘肅二十餘年，景泰間奉命守備南京，天順改元以老召還。成化元年（1465）卒，贈寧遠侯，諡僖武。任禮任守備自景泰二年（1451）任至景泰五年（1454），時已年近八十，在任無大作爲，卻屢遭彈劾，最終免職。是首位因遭彈劾被免職的守備。

任禮的繼任者平江侯陳豫，在當時武臣中能力較強，聲望較高，本身爲平江伯，以軍功晉侯。陳豫祖籍廬州府合肥縣，祖瑄洪武三十五年（1402）封平江伯，豫正統二年（1437）襲爵，正統十三年（1448）福建鄧茂七起事，寧陽侯陳懋率眾往討，豫副之，正統十四年（1449）進封平江侯，掌前軍都督府事。景泰初奉敕鎮守臨清，明年召還，復遣還鎮，尋命往河南、山東直隸提督操兵，既而召還，命往南京守備。天順初復鎮臨清。豫讀書循禮，行事安靜，留心詞翰，得士林之譽。天順七年（1463）卒，追封鄂國公，諡莊敏。

陳豫任守備自景泰五年（1454）至天順元年（1457），任職只兩年多，其間協同守備革置，陳豫在任期間也有建言建策，景泰七年（1456）正月，陳豫奏南京指揮千百戶多無賴有盜，請獲即不俟奏聞，送法司。朝廷准奏。〔註131〕

景泰七年十一月，陳豫言江北河陽六衛，遇拜表等禮儀，盡數渡江，旬日不能還衛城池。禮部議令各衛長官一人及首領官一人入京行禮，餘悉留衛治事。朝廷准奏。〔註132〕

自永樂二十二年（1424）至天順元年（1457），任守備有自李隆、李賢、任禮、陳豫，可視爲南京外守備設立初期，其時守備制度逐漸完善，先後設立參贊機務和協同守備，與其後相比，外守備權力大，地位高，任禮和陳豫任職時間較短，李隆和李賢對守備南京較有貢獻，特別是李隆，後代南京外守備無人能超越其事功。

守備制度建立初期，南京外守備的地位在守備官員中居首，洪熙元年（1423）六月庚戌，宣宗即位，次日以即位遣使齎敕諭南京守備襄城伯李隆，命其加強守備，不負重託，可見朝廷對仍爲首都的南京安全穩定的重視。此

〔註131〕《英宗實錄》卷二百六十二，《明實錄》20 冊，5595 頁。
〔註132〕《英宗實錄》卷二百七十二，《明實錄》20 冊，5758 頁。

時南京守備官員由武臣守備和內臣守備太監構成，外守備爲首。「凡事同守備太監鄭和、王景弘計議，晝夜用心，整肅軍伍，嚴固守備，審察機微，以防不虞。」〔註133〕

英宗剛即位的宣德十年（1435）正月，應楊士奇的建議設立參贊機務一職，委派高級文官協助守備武臣，參贊機務全稱爲參贊南京守備機務。賜戶部尚書黃福敕曰「今特命卿參贊襄城伯李隆機務，撫綏兵民，訓練軍馬，凡百庶物同隆及太監王景弘等計議而行。」〔註134〕此時南京守備官員已包含武臣守備、內臣守備太監、文臣參贊機務，仍然以武臣爲首。

參贊機務爲外守備助手，坐次亦次於外守備，黃福年長李隆二十餘歲，任參贊機務世已年近七十，封少保，爲朝廷元老，私下裏李隆非常敬重黃福，而在公開場合仍以李隆爲首，外守備地位高於參贊機務。「福參贊南京守備時常坐李隆之側，大學士楊士奇寄聲曰：豈有孤卿而傍坐乎？福曰：然豈有少保而贊守備乎？卒不變，然隆待福甚恭，公退即推福上坐，福亦不辭。」〔註135〕

《水東日記》記黃福任參贊事：「公在南京帥府參贊機務，襄城伯中坐，公旁坐，且視事皆襄城處分，公不出一語，蓋陰相之則多矣。或以爲言，公曰：『體當如是，且汝見守備何嘗錯發落一事也。』後來參贊則皆有不然矣。」〔註136〕此記守備制度初期參贊地位低於守備，即便黃福爲朝廷老臣，貴爲少保。

李賢任上設立南京協同守備，至此南京守備官員俱設立。景帝即位不久的景泰元年（1450）四月，主持軍政事務的兵部尚書于謙上言，要求朝廷重視南京安全守備。「南京根本之地。今災異屢見，必有厥由。恐奸人竊發不可不防，眾心搖動不可不慮，乞敕守備太監及文武重臣撫恤人民，整飭軍馬，嚴防奸細，固守城池。」〔註137〕五月，即命都督僉事趙倫協同豐城侯李賢守備南京，同掌中軍都督府事，此爲南京協同守備之始。

李賢任上，守備文官又有一任總督機務。景泰元年七月，于謙建言，委派戰功卓著的靖遠伯王驥，「令赴南京總督，與同李賢等訓練軍馬，撫安人

〔註133〕《宣宗實錄》卷二，《明實錄》10 冊，31 頁。
〔註134〕《英宗實錄》卷一，《明實錄》13 冊，34 頁。
〔註135〕《英宗實錄》卷六十三，《明實錄》14 冊，1197 頁。
〔註136〕〔明〕葉盛《水東日記》卷七，中華書局 1980 年，77 頁。
〔註137〕《英宗實錄》卷一百九十一，《明實錄》18 冊，3936 頁。

民，綜理一應事務。」〔註138〕九月，朝廷命兵部尚書、靖遠伯王驥為總督機務，與守備太監袁誠、豐城侯李賢一同守備南京，王驥本官為兵部尚書，又封靖遠伯，其在南京的職務稱總督機務，而非參贊機務，其位在內外守備之上，在南京守備文官中只此一例。〔註139〕王驥所受敕諭曰「今特命爾往彼總督機務，與同守備太監袁誠等及豐城侯李賢等同心協力，整飭兵備。」景泰二年（1451），敕諭南京文武百官「爾兵部尚書靖遠伯王驥並守備管事內外文武官員務在晝夜用心，提督操練軍馬，固守城池。」〔註140〕可見儘管王驥官職為總督機務，位在內外守備之上，而各類事宜仍需共同商議，內外文武官員共守南京。

王驥任總督機務後，李賢守備南京事蹟即不見記載，只有一條御史彈劾，景泰二年春正月辛亥，「南京十三道御史陳詠等言守備等官豐城侯李賢等統馭無法，致有前弊，賢等奉詔陳狀服罪，命姑宥之。」〔註141〕

2. 中期：魏國徐氏、成國朱氏兩大家族

自天順元年（1457）至隆慶四年（1570）113年裏，外守備主要由有姻親關係的三位魏國公、兩位成國公擔任。其中天順元年（1457）至嘉靖十三年（1534）77年時間裏，始終由魏國公和成國公擔任，直至嘉靖十三年都御史王廷相言不應魏國公徐氏世代守備，方許徐鵬舉辭外守備。而其後嘉靖十七年（1538）至嘉靖三十四年（1555），嘉靖三十七年（1558）至隆慶四年（1570），徐鵬舉又兩任外守備，直至卒於任上。其間兩大家族以外的外守備有四位，撫寧侯朱麒（嘉靖十三年至十四年），鎮遠侯顧寰（嘉靖十四年至嘉靖十七年），撫寧侯朱岳（嘉靖三十四至三十六年），豐潤伯曹松（嘉靖三十六至三十七年），總共任七年守備。

明代勳臣分為公侯伯三級，自太宗起直至明末，公爵只有五家，分別為魏國公徐氏，成國公朱氏，英國公張氏，黔國公沐氏，定國公徐氏，只有魏國公為太祖朝所封，定國公亦為魏國公徐達後人。洪武三年（1370）徐達始封魏國公，洪武三十五年（建文四年，1402）朱能始封成國公，二公在公爵中位次居先，俸祿也高。魏國公長居南京，常為南京勳臣之首，成國公長居

〔註138〕《英宗實錄》卷一百九十四，《明實錄》18冊，4078頁。
〔註139〕《英宗實錄》卷一百九十六，《明實錄》18冊，4158頁。
〔註140〕《英宗實錄》卷二百一，《明實錄》18冊，4303、4305頁。
〔註141〕《英宗實錄》卷二百，《明實錄》18冊，4251頁。

北京，常爲北京勳臣之首。明中葉任外守備的魏國公三人：承宗、俌、鵬舉，承宗和俌爲鵬舉之曾祖和祖父。成國公二人：儀、輔，爲父子。朱儀與徐俌又爲翁婿。

天順元年（1457）平江侯陳豫召回，魏國公徐承宗任守備，至天順七年（1463）卒於任上。徐承宗爲徐達曾孫，祖籍直隷鳳陽縣，正統十三年（1448）襲兄顯宗爵，尚志讀書，以門第自重。天順元年（1457）奉敕守備南京，廉謹自持，鎭靜不撓，凡事務循公道，上下翕然悅服。天順七年卒。

天順二年（1458），徐承宗上奏請於大勝關疏濬河道，修理碼頭。朝廷從之。〔註142〕

天順七年（1463），南京巡捕都指揮劉璧遇鹽徒逗遛不進，執平民誣其爲賊。徐承宗等奏聞，朝廷命南京刑部收璧法辦。〔註143〕

天順七年（1463）十二月，徐承宗卒於任上，當月任命朱儀任南京守備，至弘治九年（1496）三月卒於任上，朱儀任南京守備三十三年，是南京守備中聲望較高的一位，僅此於襄城伯李隆。徐溥《謙齋文錄》卷四有其神道碑銘。〔註144〕

朱儀（1427～1496），字炎恒，祖籍鳳陽府懷遠縣。朱儀景泰三年（1452）嗣父勇爵。天順七年任南京守備。成化間南畿饑，命其賑救，所活甚眾。奉敕會讞，多所矜釋。南京城門守兵止留老羸數人，朱儀謂宜養銳示威，始定番代法。營卒多病死，請官置醫藥，朝廷皆從之。海賊劉通勢甚猖獗，請遣舟師分據要害，賊勢窮歸罪，械其首惡三十三人送京師，脅從者皆釋。暹羅夷人市中國子女爲奴婢，以爲事關國體，追給夷價，各遣歸。內外文武臣所與議事者前後幾四十人，處之久而彌篤。尤識治體，謂留務至重，不宜作聰明擅威福，久則民安而信之不疑。守備三十餘年上下輯服，軍民安堵，外警不作。其卒，兵民巷哭者相望。贈太師，諡莊簡。

朱儀在任三十三年，爲守備南京興言進策，其主管軍政事務，頗多貢獻，成化六年（1470），南京後軍都督楊麟點視皇城守衛官軍，杖把總指揮過泰至死，朱儀等以聞，朝廷命南京刑部究治。〔註145〕

成化八年（1472），從成國公朱儀等陳言，命軍職先見任後坐罪帶俸者，

〔註142〕《英宗實錄》卷二百八十七，《明實錄》20冊，6142頁。

〔註143〕《英宗實錄》卷三百四十八，《明實錄》21冊，7012頁。

〔註144〕〔明〕徐溥《謙齋文錄》，《景印文淵閣四庫全書》1248冊，660～663頁。

〔註145〕《憲宗實錄》卷八十四，《明實錄》24冊，1640頁。

其子孫襲代者仍得任職。〔註146〕

　　成化十年（1474）夏四月，朱儀奏京城工役繁興，營伍軍士奔走疲勞眾皆嗟怨，凡不急之務乞暫停止，常操軍士視京營事例分班更代。朝廷命南京守備內外官會議上奏。〔註147〕

　　成化十年六月，奉御梁鑒等與南京戶部員外郎張順會盤皇城各門倉糧，過期不至，有誤衛卒日食，朱儀奏聞，下南京刑部究治。〔註148〕

　　成化十二年（1476），朱儀等奏南京守衛皇城軍士四千六十二人更守內外門禁，無時休息，以致逃亡數多，請更選操守官軍二千並為六千，使得分番入直為便。朝廷從之。〔註149〕

　　成化十四年（1478），朱儀奏擬官軍寒暑歇操條例，下兵部議，以每年俱於二月八月起操至五月十一月大暑大寒而操止。其歇操之時仍十日一赴教場點視。朝廷從之。〔註150〕

　　成化二十三年（1487），從朱儀奏請，命南京留守衛指揮同知史瑄神機營管操。〔註151〕

　　弘治七年（1494），從南京守備成國公朱儀等奏請，命南京內外城守門關余丁月支口糧人三斗。〔註152〕

　　朱儀對有關民政事務也很重視，成化二年（1466），朱儀等以江南北被災饑民流移，欲暫以南京兩法司罪囚納米贖罪，贓罰銀貨暫免解京，查送南京戶部委官收買米麥以備賑濟。朝廷從之。〔註153〕

　　成化四年（1468），朱儀等言南京今歲亢旱無收，來春米值必貴，請令南京各衛官軍於來年春季，就於水次兌支正糧三月，所省耗米，送納應天府預備倉，待青黃不接之時平值糶賣，以蘇民困。朝廷命南京戶部會同朱儀等詳加斟酌。〔註154〕

　　成化五年（1469），朱儀等奏南京英武等衛屯田旱災無收，其地與鳳陽府

〔註146〕《憲宗實錄》卷一百四，《明實錄》24冊，2049頁。
〔註147〕《憲宗實錄》卷一百二十七，《明實錄》24冊，2422～2423頁。
〔註148〕《憲宗實錄》卷一百二十九，《明實錄》24冊，2453頁。
〔註149〕《憲宗實錄》卷一百五十五，《明實錄》25冊，2828頁。
〔註150〕《憲宗實錄》卷一百七十四，《明實錄》25冊，3146頁。
〔註151〕《孝宗實錄》卷八，《明實錄》28冊，173頁。
〔註152〕《孝宗實錄》卷八十八，《明實錄》29冊，1628頁。
〔註153〕《憲宗實錄》卷二十七，《明實錄》22冊，541頁。
〔註154〕《憲宗實錄》卷五十七，《明實錄》23冊，1160頁。

相連。今鳳陽饑民皆獲賑濟，軍民同體，亦乞給糧拯救。朝廷從之。〔註155〕

成化十八年（1482），朱儀等奏南京米價騰踊，民庶艱食，請以各衛官軍今年春夏三月於水次兌支，以其所餘工腳米平價糶賣濟民。戶部議如所奏。朝廷准奏。〔註156〕

監督不法官員也是其責任，成化二年（1466），南京御用監火，朱儀奏聞，朝廷命下法司究問。〔註157〕

成化九年（1473），南京盜因風雨夜入都察院獄劫死囚三人以去，守備成國公朱儀等奏聞，朝廷令南京刑部取問。〔註158〕

成化十九年（1483），朱儀等以去年南京工部火，劾奏署部事並巡風等官俱有罪，宜下南京刑部逮問。朝廷從之。〔註159〕

弘治五年（1492），應天府府尹冀綺遲誤南京陵廟祭祀犧牲，朱儀等奏聞，朝廷命逮問。〔註168〕

弘治六年（1493），南京守衛禁軍有犯法者，監察御史郭珠執而鞠之。朱儀等劾郭珠擅執禁軍，下法司議。朝廷命禁軍犯法者，法司移文於衛所取問，不得擅執。〔註161〕

工程修造也是其責，成化十七年（1481），社稷壇及太廟殿宇有因風雨損壞者，朱儀請命有司修葺。朝廷從之。〔註162〕

成化二十二年（1486），朱儀奏南京中下二新河為泥沙淤塞，請敕工部循往年例督軍修濬。朝廷從之。〔註163〕

朱儀卒於弘治九年（1496）三月，閏三月，命魏國公徐俌為南京外守備，任至十三年（1500）七月辭任。由成國公朱輔接任。正德六年（1511）九月成國公朱輔辭任，正德六年冬十月徐俌再任南京外守備。正德十二年（1517）秋七月卒於任上。徐俌成化元年（1465）襲爵，十五年（1479）敕奉祀孝陵，掌南京左軍都督府事。此後兩任外守備。為人孝謹，持身廉慎，處權貴氣剛

〔註155〕《憲宗實錄》卷六十二，《明實錄》23 冊，1267 頁。
〔註156〕《憲宗實錄》卷二百二十三，《明實錄》26 冊，3843～3844 頁。
〔註157〕《憲宗實錄》卷三十四，《明實錄》22 冊，681 頁。
〔註158〕《憲宗實錄》卷一百十八，《明實錄》24 冊，2269 頁。
〔註159〕《憲宗實錄》卷二百三十六，《明實錄》26 冊，4019 頁。
〔註168〕《孝宗實錄》卷六十一，《明實錄》29 冊，1164 頁。
〔註161〕《孝宗實錄》卷七十三，《明實錄》29 冊，1372 頁。
〔註162〕《憲宗實錄》卷二百十七，《明實錄》26 冊，3761 頁。
〔註163〕《憲宗實錄》卷二百八十三，《明實錄》27 冊，4786 頁。

嚴，不少抑，見者畏憚。諡莊靖。

弘治十一年（1498），南京戶部署員外郎事主事賈璡擅辱三品武職，爲南京守備魏國公徐俌等所奏。被逮至京，朝廷命降二級調外任。〔註164〕

弘治十二年（1499），言官胡易等陳言受責，徐俌進言「人臣直諫本爲國謀，然言傷切直反爲身累，且以言者而下獄，則凡首鼠而自默者得以解嘲矣。劾人者而受禍，則凡被劾而下石者皆遂其計矣。如使人皆箝口結舌以爲保身避禍之計，後雖有大奸大弊，誰復敢爲陛下言哉？」朝廷命姑已言官。〔註165〕

弘治十三年（1500），從徐俌等奏，禁民間收鬻違禁軍器。〔註166〕

正德九年（1514），徐俌等上言武宗「玩好游畋蕩逸心志，車馬馳驟勞頓筋骨，皆非所以保聖躬也。伏望閱祖訓條章之言，鑒前代興衰之跡，早朝以肅百僚，靜處以諧官壼。」〔註167〕

正德十年（1515），徐俌等奏戶部主事王瑞之放支軍糧違例，擅辱千戶王忠、鄭禧。朝廷命錦衣衛官校逮繫至京鞫之。〔註168〕

成國公朱俌首任外守備在弘治十三年（1500）魏國公徐俌辭任後，至正德六年（1511）辭任，又由魏國公徐俌接任。正德十二年（1517）魏國公徐俌卒於任上。朱輔再任外守備，任至正德十六年（1521）解職，由魏國公徐鵬舉接任。明中葉魏國公、成國公兩大家族中，朱輔是惟一未卒於任上的外守備。朱輔弘治九年（1496）嗣爵，弘治十三年守備南京，正德六年乞養母回京，歷掌左中二都督府事，提督三千營操練。正德十一年（1516）虜入自羊口，奉命佩平胡將軍印充總兵官率師禦之，虜退旋師。十二年復守備南京，寧藩作亂有守禦功。十六年召還。世宗登極，奉寶冊，上尊號，奉迎中宮充正使。嘉靖二年卒（1523），贈太傅，諡恭僖。平素喜吟詠誦讀，有儒者之風。朱輔兩任外守備，無大作爲，遭言官彈劾免職。

南京外守備中在任時間最長的爲魏國公徐鵬舉，三任共 42 年。徐鵬舉卒於隆慶四年（1570），瞿景淳嘉靖末隆慶初任南京吏部右侍郎，其《瞿文懿公集》卷四《壽魏國獨軒徐公七十序》言「丙寅（嘉靖四十五年，1566）

〔註164〕《孝宗實錄》卷一百三十七，《明實錄》30 冊，2387 頁。
〔註165〕《孝宗實錄》卷一百四十六，《明實錄》31 冊，2557～2558 頁。
〔註166〕《孝宗實錄》卷一百五十八，《明實錄》31 冊，2845 頁。
〔註167〕《武宗實錄》卷一百一十，《明實錄》36 冊，2249 頁。
〔註168〕《武宗實錄》卷一百二十五，《明實錄》36 冊，2504 頁。

公壽登七十。」〔註169〕可知其生年為弘治十年（1497）。卒年七十四。號篤軒，又號獨軒。徐達七世孫，正德十三年（1518）嗣祖僃爵。其後在北京主持各類祭祀等。正德十六年（1521）四月率文武百官奉箋世宗勸進。正德十六年五月命其奉祀孝陵，兼掌南京前軍都督府事。正德十六年七月成國公朱輔解任，當月徐鵬舉接任。至嘉靖十三年（1534）南京都御史王廷相等言南京內外守備權重，不宜以魏國公徐氏世典，鵬舉辭任得允。嘉靖十七年（1538）又命其任守備，嘉靖三十四年（1555），南京應天府死囚越獄奪城門走，徐鵬舉革任。嘉靖三十七年（1557），又命其三任守備，至隆慶四年（1570）卒。徐鵬舉是任職時間最長的外守備，對守備南京也有貢獻。

嘉靖元年（1522），操江都御史胡瓚奏欲兼轄浦子口營，徐鵬舉等奏其侵奪事權，變更甲令。朝廷命依舊例，由南京兵部尚書與守備同計議軍事。〔註170〕

嘉靖二年（1523）正月徐鵬舉等奉旨會議應天府匠役人夫事條例以上，建議查革南京內府多占夫役銀兩。朝廷採納。〔註171〕

嘉靖二年三月，徐鵬舉言兩京內府查失銅符十三面，參內使紀通等並請如號造補。朝廷採納。〔註172〕

嘉靖三年（1524）二月，徐鵬舉與南京守備太監秦文、南京兵部侍郎席書、御史朱衣各疏報災請賑。〔註173〕

嘉靖三年三月，徐鵬舉等劾奏戶部員外郎李棣過西安門不下馬，詔逮京拷訊。〔註174〕

嘉靖三年四月，徐鵬舉等疏請廣東所得佛郎機銃法及匠作。詔於南京造之。〔註175〕

嘉靖三年六月，戶科都給事中張漢卿劾席書奉敕賑濟舉措失當，為徐鵬舉等舉奏。〔註176〕

〔註169〕〔明〕瞿景淳《瞿文懿公集》，《四庫全書存目叢書》集部109冊，524頁。
〔註170〕《世宗實錄》卷二十一，《明實錄》38冊，618頁。
〔註171〕《世宗實錄》卷二十二，《明實錄》38冊，649頁。
〔註172〕《世宗實錄》卷二十四，《明實錄》38冊，690頁。
〔註173〕《世宗實錄》卷三十六，《明實錄》39冊，905頁。
〔註174〕《世宗實錄》卷三十七，《明實錄》39冊，928頁。
〔註175〕《世宗實錄》卷三十八，《明實錄》39冊，974頁。
〔註176〕《世宗實錄》卷四十，《明實錄》39冊，1009頁。

嘉靖四年（1525），南京戶部以食冗移文查革南京衛軍義男、贅壻、外甥暫役者，魏國公徐鵬舉言查革非便。詔令暫役如舊。〔註177〕

嘉靖十年（1531）八月，徐鵬舉等奏請以鎮江衛京操軍士仍舊存留操備，演習水戰，以固江防。朝廷採納。〔註178〕

嘉靖十年，徐鵬舉奏太平、安慶二府江賊數百餘肆出剽掠。朝廷責守巡等官防禦不嚴，令停俸戴罪剿捕。〔註179〕

嘉靖三十三年（1554），徐鵬舉以海寇騷擾，請改沙船，增復舊額。朝廷命增造南京新江口兵船二百艘。〔註180〕

自天順至隆慶，南京守備由魏國公、成國公二家族擔任，作爲明代地位最顯赫的異姓貴族，文武百官之首，徐氏和朱氏憑藉其地位、名聲，輪流擔任守備，其中有行事安靜得大臣體的朱儀，也有屢遭非議卻能東山再起的徐鵬舉，儘管有頗多指責，卻也維持了南京守備體制，使留都南京一百餘年裏平穩安定得以延續。

3. 後期：外守備權力式微

隆慶四年（1570）魏國公徐鵬舉卒，此後萬曆、天啓、崇禎間南京外守備變動頻繁，任外守備者有臨淮侯李庭竹、懷寧侯孫世忠、恭順侯吳繼爵、魏國公徐邦瑞、臨淮侯李言恭、泰寧侯陳良弼、豐城侯李環、成山伯王允忠、撫寧侯朱繼勳、懷遠侯常胤緒、撫寧侯朱國弼、寧陽侯陳光裕、南和伯方一元、忻城伯趙之龍。其中遭言官舉劾而罷免或辭任者頻頻，無一人卒於任上，其中臨淮侯李庭竹和魏國公徐邦瑞都兩任外守備，任職時間較長的只有懷遠侯常胤緒，萬曆三十七年（1609）至崇禎四年（1631）共22年。

明代後期萬曆至明末，《明實錄》中外守備事蹟記述寥寥，實際主持守備南京各類事宜的爲參贊機務南京兵部尚書，其發揮的作用超過外守備、協同守備。明代後期載於《明實錄》的有關南京守備事項的各類奏疏多爲南京兵部尚書單獨所作，而在明初及明中期，有關南京守備的奏疏多爲外守備和參贊機務並題。《明實錄》中此一期間由南京外守備單獨所上的與守備南京相關的奏疏只有兩條，一爲隆慶六年（1572），南京外守備懷寧侯孫世忠奏報本年

〔註177〕《世宗實錄》卷五十四，《明實錄》39 冊，1335 頁。
〔註178〕《世宗實錄》卷一百二十九，《明實錄》41 冊，3068 頁。
〔註179〕《世宗實錄》卷一百三十三，《明實錄》41 冊，3163 頁。
〔註180〕《世宗實錄》卷四百十三，《明實錄》46 冊，7192 頁。

上半年官軍數目。〔註181〕一為天啓五年（1625），南京外守備懷遠侯常胤緒匯奏操備馬匹。〔註182〕

懷遠侯常胤緒任外守備 22 年，明實錄記載其守備南京事蹟只有兩條，除上述天啓五年一條，還有萬曆四十三年（1615），南京奉先殿工完，遣尚書衞承芳、侯常胤緒、太監劉朝用恭捧神主並祭告。〔註183〕

萬曆後南京守備事務見於《明實錄》記載的多出於參贊機務南京兵部尚書，萬曆十一年（1583）南京兵部尚書王遴上疏建言，其中有南京三大營都督俱有標兵，參贊大臣宜增置標兵，以聽調遣。自振武營之變以來士卒尚有驕悍之習，以後鼓眾群噪，即將為首者斬以狥。朝廷批准，三大營各添設標兵一百名操演調用，餘俱依其言。〔註184〕

萬曆十七年（1589），朝廷批准南京兵部尚書吳文華疏言，給參贊大臣令旗令牌，遇惰卒煽奸許以軍法從事，巨寇臨境聽其便宜調兵。〔註185〕

萬曆三十五年（1607），南京兵部請添設中軍標營，將大教場八營見操軍士選一千餘名，設中軍參將統練，朝廷從之。〔註186〕

至明末崇禎十六年（1643），南京兵部尚書史可法條陳留都軍政事務，疏言南京應當挑選操練的士卒有四萬四千人，南京兵部尚書直接統領的軍隊有一萬二千人，操江都御史統領的軍隊亦有一萬二千人，三大營提督武官統領的軍隊為兩萬人。史可法建議「將臣標、大小教場、神機營，官兵三萬二千人，聽臣與監臣韓贊周總練；新江二標，新水奇兵等營官兵一萬二千餘人聽操臣總練。」〔註187〕韓贊周為內守備，此時實際主持南京軍隊操練的為參贊機務、內守備和操江都御史。

4. 協同守備在守備南京中發揮的作用

協同守備作為外守備的副職而設立，參與守備南京各類事務，本身亦為南京左、右、前、後軍都督府之一的掌印官，管理本府事務。比起外守備來，協同守備責任較輕，在守備南京中所起的作用不大，其官職設立初期也設置

〔註181〕《神宗實錄》卷四，《明實錄》51 冊，138 頁。
〔註182〕《熹宗實錄》卷六十六，《明實錄》69 冊，3123 頁。
〔註183〕《神宗實錄》卷五百三十六，《明實錄》64 冊，10153 頁。
〔註184〕《神宗實錄》卷一百四十二，《明實錄》54 冊，2651～2652 頁。
〔註185〕《神宗實錄》卷二百九，《明實錄》56 冊，3928 頁。
〔註186〕《神宗實錄》卷四百三十一，《明實錄》61 冊，8148 頁。
〔註187〕《痛史本崇禎長編》卷一，《鈔本明實錄》，線裝書局 2005 年，26 冊，656 頁。

無常。設置始於景泰元年（1450），景泰五年（1454），因外守備任禮、協同守備趙倫相攻訐，革協同守備一職，天順元年（1457）復設。天順七年（1463）協同守備顧興祖卒，此職空缺，至成化二年（1466）命都督同知馬良任協同守備。

協同守備地位低於外守備，自身素質也較差，《明實錄》中早期任職的協同守備多有小傳，評價普遍不高。以前四任協同守備爲例。首任協同守備趙倫，自景泰元年任至五年，在任無作爲，爲御史彈劾。景泰四年（1453），趙倫等不嚴守衛，致奸人身服黃絹衣擅入皇城。法司請治趙倫等罪。詔令不問。〔註 188〕

景泰五年（1454）因與外守備任禮相互罵詈，降倫都指揮同知，調廣西柳州衛。〔註 189〕

天順元年（1457）復職，仍於南京中軍都督府管事。天順三年（1459）又因私役操軍三十人，下南京都察院鞫之，贖徒還職。〔註 190〕

天順四年（1460）又與所部指揮交奏私役操卒，占種官地，下南京刑部。〔註 191〕此後任至成化元年（1465）卒。

二任鎮遠侯顧興祖，正統十四年（1449）從征，自土木堡逃還，降都督同知。天順初復侯爵，命往南京協同守備。天順元年至七年在任，任上無大作爲。「興祖素無將才，在神機營尤貪婪，軍士不附，其降而復爵，人以爲幸云。」〔註 192〕

三任都督同知馬良，人品低劣，以佞倖陞官，成化二年（1466）至三年（1467）在任，其後「喪婦不數月，娶繼室，鼓樂喧天聲聞禁中，英廟問知」，「自是寵遂衰不復召見。」〔註 193〕

四任泰寧侯陳涇。成化三年（1467）至七年（1471）在任，「涇無他才能，徒以會昌侯孫繼宗婿得進用。在廣西以數千軍爲數百蠻所困，大損國威，罪重刑輕，論者至今不平。」〔註 194〕

〔註 188〕《英宗實錄》卷二百三十三，《明實錄》19 冊，5093 頁。
〔註 189〕《英宗實錄》卷二百三十九，《明實錄》19 冊，5220～5221 頁。
〔註 190〕《英宗實錄》卷三百十，《明實錄》21 冊，6523 頁。
〔註 191〕《英宗實錄》卷三百二十，《明實錄》21 冊，6662 頁。
〔註 192〕《英宗實錄》卷三百五十五，《明實錄》21 冊，7098 頁。
〔註 193〕《憲宗實錄》卷八十六，《明實錄》24 冊，1666 頁。
〔註 194〕《憲宗實錄》卷一百六，《明實錄》24 冊，2079 頁。

　　第五任定西侯蔣琬，是當時武臣中聲望較高的一位，成化八年（1472）
至十年（1474）在任，其間奉命總督操江，也有建言，成化十年四月蔣琬上
奏操江官軍一萬二千，止遺六千九百，令所司追補舊額。仍照舊調用鎮江衛
軍士、建陽衛軍士輪番操習。朝廷准奏。〔註195〕又上章乞辭解機務，言血氣
尚壯，願領邊逐胡虜。朝廷不允所辭。〔註196〕

　　明中葉有三位協同守備任職時間較長，武靖伯趙承慶弘治八年（1495）
至正德二年（1507），西寧侯宋愷正德二年（1507）至十五年（1520）。永康
侯徐源，嘉靖九年（1530）至二十九年（1550）。《明實錄》中對這三位協同
守備的記載多為承命祭祀孝陵之類，此外則多為不法事，為御史彈劾等。正
德間，劉瑾專政，斥逐輔臣，邸報至南京，趙承慶首傳之，言官請留輔臣，
由此忤瑾罷官。宋愷則以寧王反叛時倉惶失措，兵部議請罷職。

　　協同守備任期最長的是永康侯徐源，嘉靖九年（1530）至二十九年
（1550）在任。其生平見於《程文恭公遺稿》卷十九《永康侯愛葵徐公墓誌
銘》。〔註197〕徐源（1499～1554），字澄甫，別號愛葵。甫四歲父錡卒，從
例優給，事祖母、母如成人。正德九年（1514）年十六襲侯，讀書胄監，持
節藩府。世宗即位命管五軍大營操。嘉靖二年（1523）管紅盔將軍，嘉靖四
年（1525）改鼓勇營，嘉靖五年（1526）改奮武營，嘉靖七年（1528）改五
軍營中軍。督帥所部申飭軍容，體恤士卒。蒞諸營數年，士卒歡服。改掌南
京左府。嘉靖九年（1530）改南京協同守備，仍掌府事，與大司馬坐籌兵事，
謀斷相資，時所推重，訓士督餉，葺垣深塹，靡不殫力，歲時校藝武學。嘉
靖二十九年（1550）得請還京，帶俸右軍都督府。

　　徐源任職二十年，其事蹟《世宗實錄》記載寥寥，嘉靖十年（1531），修
南京太廟工成，朝廷以徐源等督理效勞，賜敕獎勵。〔註198〕

　　嘉靖十三年（1534），南京太廟火災，法司奏徐源等守備官員其責難辭。
朝廷下旨徐源等奪祿俸三月。〔註199〕

　　嘉靖十七年（1538），孝陵工完，賞徐源等各銀帛。〔註200〕

〔註195〕《憲宗實錄》卷一百二十七，《明實錄》24冊，2416～2417頁。
〔註196〕《憲宗實錄》卷一百二十七，《明實錄》24冊，2422頁。.
〔註197〕〔明〕程文德《程文恭公遺稿》，《四庫全書存目叢書》集部90冊，278～279頁。
〔註198〕《世宗實錄》卷一百三十，《明實錄》41冊，3083頁。
〔註199〕《世宗實錄》卷一百六十七，《明實錄》42冊，3673頁。
〔註200〕《世宗實錄》卷二百十三，《明實錄》43冊，4388頁。

嘉靖十八年（1539），言官劾徐鵬舉、徐源等私役軍餘，多取操馬，驕恣無能。朝廷切責徐源參贊無為。〔註201〕

嘉靖十九年（1540），有盜夜榜文於南京城中，自稱靖江王。朝廷責令徐源等對狀。〔註202〕

嘉靖二十九年（1550）永康侯徐源辭任，此後擔任協同守備的有安遠侯柳震、臨淮侯李庭竹、西寧侯宋天馴、武靖伯趙光遠、新建伯王承勳等，萬曆間魏國公徐維志、徐弘基父子也短期任職。萬曆中葉以後協同守備的事蹟少見於《明實錄》記載，其在守備南京中發揮的作用隨著守備武臣地位的下降而日趨衰落。

五、對外守備、協同守備的限制和監督

南京外守備、協同守備多為公侯伯勳臣，執掌南京五軍都督府、親軍衛等武職機構，負有守備留都南京之責，位高權重，明朝廷自然不會放鬆對其權力的限制和監督。科道官是明代最重要的監督力量，南京內外文武官員無一不在其監督下，對維護南京官僚體制正常運行具有重要作用。以下僅以前述南京外守備中所起作用較大的四位外守備李隆、李賢、朱儀、徐鵬舉為例，列舉科道官等對其的限制和監督。

首任外守備李隆「富貴尊嚴擬於王者」，「上下官僚無不敬畏」，可一旦其行為非法，仍然逃不過言官的舉劾，正統四年（1439）八月，御史劾奏襄城伯李隆私役軍士，縱家奴販鹽，朝廷詔令李隆自陳。〔註203〕

正統四年十一月，李隆為縱家奴、役軍、貨私鹽事服罪奏聞。朝廷念其舊勞，姑記其過，令行在都察院移文示之。〔註204〕

李隆繼任者李賢不守法紀，亦被言官彈劾，正統十年（1445），御史言李賢居官多不奉法，至侵用官物，杖死無辜。朝廷念其先世勳勞特宥之。〔註205〕

景泰二年（1451），南京御史言李賢等統馭無法，對其下屬都督僉事房顯等不嚴鈐束，致官軍偷閒者千餘人。李賢等奉詔陳狀服罪，朝廷命姑宥之。〔註206〕

〔註201〕《世宗實錄》卷二百二十五，《明實錄》43冊，4690頁。
〔註202〕《世宗實錄》卷二百四十三，《明實錄》44冊，4905頁。
〔註203〕《英宗實錄》卷五十八，《明實錄》14冊，1108頁。
〔註204〕《英宗實錄》卷六十一，《明實錄》14冊，1165頁。
〔註205〕《英宗實錄》卷一百二十七，《明實錄》16冊，2531頁。
〔註206〕《英宗實錄》卷二百，《明實錄》18冊，4251頁。

以上是守備制度初期的李隆和李賢所受言官攻劾事例，比起明中期的朱儀和徐鵬舉要少得多。亦可見早期的守備地位比較尊貴，其行為也較檢點，言官無法輕易指摘。

朱儀守備南京三十四年，是受彈劾最多的守備，言官彈劾朱儀最多的是其懦弱無能，

成化元年（1465），南京御史奏朱儀馭眾無法，臨事少斷，請別選賢能代之。疏入寢之。〔註207〕

成化三年（1467）七月，言官又言朱儀等昏迷欺罔，請逮付法司明正其罪，擇能者代之。朝廷令朱儀等姑宥不治，移文諭之。〔註208〕

成化三年八月南京御史奏成國公朱儀才識闇弱，惟務謙抑，而乏守備之方。又言朱儀與南京兵部尚書李賓才識凡庸，不稱守備參贊之任。朝廷命姑舉堪代朱儀、李賓者以聞。〔註209〕

成化四年（1468）南京御史言朱儀與李賓俱以猥瑣之才，濫膺根本之寄。朝廷以朱儀、李賓皆廉謹可用，令移文使之盡心，毋因循怠慢。〔註210〕

成化十四年（1478），御史言朱儀賦性寬緩，人少畏憚，以致部下肆貪，吏胥玩法，地方多事，軍民安少。乞敕武職重臣一人協同朱儀守備。詔令下其章於吏部。〔註211〕

弘治元年（1488）五月，南京御史言朱儀衰老怠事，罷黜別選賢能以充任使。朝廷令朱儀等具實以聞。〔註212〕

弘治元年六月，南京言官劾朱儀等柔懦不立，朝廷命朱儀等仍舊供職。〔註213〕

弘治五年（1492），南京御史言朱儀年力既衰，軍務廢弛，乞均賜罷黜。朝廷下其奏於所司。〔註214〕

除柔弱無能，無法馭下外，朱儀自己行為不端，亦多受攻擊，成化六年（1470），南京言官劾奏朱儀等役占軍士，當治以罪。朝廷命俱宥之，但戒無

〔註207〕《憲宗實錄》卷二十一，《明實錄》22 冊，414～415 頁。
〔註208〕《憲宗實錄》卷四十四，《明實錄》23 冊，908 頁。
〔註209〕《憲宗實錄》卷四十五，《明實錄》23 冊，924 頁。
〔註210〕《憲宗實錄》卷六十，《明實錄》23 冊，1229 頁。
〔註211〕《憲宗實錄》卷一百七十四，《明實錄》25 冊，3141 頁。
〔註212〕《孝宗實錄》卷十四，《明實錄》28 冊，347 頁。
〔註213〕《孝宗實錄》卷十五，《明實錄》28 冊，370 頁。
〔註214〕《孝宗實錄》卷六十五，《明實錄》29 冊，1252 頁。

得再犯。〔註215〕

　　弘治八年（1495），南京御史奏武臣雖公侯伯不得乘轎出入，朱儀等乘八人轎，僭侈尤甚。禮部覆奏，請論之以法。朝廷命宥之，仍諭不得再犯。以朱儀年老任重，特命乘四人轎。〔註216〕

　　徐鵬舉守備南京 42 年，是任期最長的外守備，在任期間屢受攻劾，也是受責罰最多的外守備。

　　嘉靖八年（1529），有發孝陵旁古墓者，南京科道官以聞，刑部參劾徐鵬舉等。朝廷命徐鵬舉等對狀。〔註217〕

　　嘉靖九年（1530），南京言官言南京內外守備三弊，一投托、二役占、三威虐，並劾魏國公徐鵬舉等不法事。朝廷以徐鵬舉勳戚大臣姑宥之，戒令改過自新。〔註218〕

　　嘉靖十一年（1532）六月，以江洋盜賊充斥，停鵬舉等官俸，令戴罪自效。〔註219〕

　　嘉靖十一年七月，兵部覆奏，徐鵬舉等占收濫用南京牧馬草場徵銀。朝廷令徐鵬舉奪祿米三月。〔註220〕

　　嘉靖十八年（1539），言官劾徐鵬舉等私役軍餘，多取操馬，驕恣無能。朝廷以鵬舉不砥礪志節，屢致人言，切責而宥之。〔註221〕

　　嘉靖三十九年（1560），南京振武營兵變，兵部請議守備官員之罪，徐鵬舉等也自陳乞罷。令鵬舉策勵供職。〔註222〕

　　隆慶元年（1567），南京鄉試下第者數百人噪於文廟門外，徐鵬舉以聞變坐視奪祿米。〔註223〕

　　隆慶四年（1570），朝廷以徐鵬舉愛其嬖妾鄭氏子邦寧，欲立為後，送國子監入學。奪祿米一月，鄭氏追奪誥命。〔註224〕

〔註215〕《憲宗實錄》卷八十一，《明實錄》23 冊，1586 頁。

〔註216〕《孝宗實錄》卷一百一，《明實錄》30 冊，1853 頁。

〔註217〕《世宗實錄》卷一百三，《明實錄》41 冊，2433 頁。

〔註218〕《世宗實錄》卷一百十八，《明實錄》41 冊，2813～2814 頁。

〔註219〕《世宗實錄》卷一百三十九，《明實錄》42 冊，3254～3255 頁。

〔註220〕《世宗實錄》卷一百四十，《明實錄》42 冊，3277～3278 頁。

〔註221〕《世宗實錄》卷二百二十五，《明實錄》43 冊，4690 頁。

〔註222〕《世宗實錄》卷四百八十三，《明實錄》47 冊，8063 頁。

〔註223〕《穆宗實錄》卷十二，《明實錄》49 冊，341 頁。

〔註224〕《穆宗實錄》卷四十一，《明實錄》50 冊，1021～1022 頁。

　　上述四位南京外守備在當時都爲權責較重、聲望較高的朝廷重臣，雖然遭言官攻劾，朝廷對其仍然深爲信任，加以庇護。而許多資歷、能力較低的外守備、協同守備則沒有這麼幸運，因擧劾而罷免或辭任，甚至包括成國公朱輔、魏國公徐維志這樣的顯貴。

　　景泰五年（1454）三月，因與外守備任禮相訐，爲御史劾奏，降協同守備趙倫爲都指揮同知，調廣西柳州衛帶俸隨操。〔註225〕

　　景泰五年十一月，以監察御史言寧遠伯任禮衰老無爲，罷其南京外守備，以平江侯陳豫往代之。〔註226〕

　　弘治三年（1490），言官奏協同守備南寧伯毛文黷貨廢政，朝廷命毛文帶俸閒住。〔註227〕

　　正德十六年（1521），言官劾奏南京外守備成國公朱輔皆貪冒倖進，請急罷黜，兵部覆言宜如奏。朝廷令朱輔罷任還京。〔註228〕

　　嘉靖三十六年（1557），以盜越南京城劫上元縣獄，罷南京外守備撫寧侯朱岳。〔註229〕

　　嘉靖四十五年（1566），南京言官劾協同守備豐城侯李儒等，兵部議覆李儒解職閒住。朝廷下詔如議。〔註230〕

　　萬曆七年（1579），罷恭順侯吳繼爵南京外守備，以科道劾其行簡不修，大壞官常。〔註231〕

　　萬曆二十年（1592），南京協同守備魏國公徐維志解任調理，徐維志爲科臣所劾以病乞休，兵部覆題得請。〔註232〕

　　萬曆三十四年（1606），命南京外守備成山伯王允忠革任閒住，以南科道疏劾不職故。〔註233〕

　　萬曆三十七年（1609），南京外守備撫寧侯朱繼勳貪肆無忌，假條陳侵各

〔註225〕《英宗實錄》卷二百三十九，《明實錄》19冊，5220～5221頁。
〔註226〕《英宗實錄》卷二百四十七，《明實錄》19冊，5358頁。
〔註227〕《孝宗實錄》卷四十六，《明實錄》29冊，935頁。
〔註228〕《世宗實錄》卷四，《明實錄》38冊，187頁。
〔註229〕《世宗實錄》卷四百五十一，《明實錄》47冊，7663頁。
〔註230〕《世宗實錄》卷五百五十七，《明實錄》48冊，8960頁。
〔註231〕《神宗實錄》卷八十四，《明實錄》53冊，1767頁。
〔註232〕《神宗實錄》卷二百五十一，《明實錄》57冊，4682～4683頁。
〔註233〕《神宗實錄》卷四百二十，《明實錄》61冊，7958頁。

部職掌，濫准詞狀，笞虐幕官，言官疏劾罷之。當月朱繼勳引疾回京。〔註234〕

天啓元年（1621），兵部覆南京科道軍政拾遺，南京協同守備平江伯陳啓嗣令革任。〔註235〕

六、外守備、協同守備的實際地位

南京外守備、協同守備作爲武職官員，在南京守備制度中佔有一席之地，明初期其地位最高，作用最大，明晚期則衰落。南京守備武臣在南京守備制度中的地位和作用，是與明代政治制度的發展變化相一致的。

明初武官地位較高，此後權力歸於文官。正德《大明會典》「凡例」：「本朝設官，大抵用周制，雖文武並置，而政事皆歸文職。」〔註236〕明代文臣權力遠大於武臣，武臣中勳臣和高級武官世襲爵位和俸祿，生活較文臣優裕，其權力則受文臣限制。五軍都督府名爲最高武職機關，一品衙門，而軍政事務俱歸於二品文職衙門兵部主管。其下屬各衛所，地方都指揮司，不歸五軍都督府統轄的親軍衛等均聽命於兵部，各地總兵等亦受文職總督、巡撫的監督限制。

《明史》卷九十《兵二》將明代武官的地位分作三期，明初、正德後、末季，可謂每況愈下：「當是時，都指揮使與布、按並稱三司，爲封疆大吏，而專閫重臣，文武亦無定職，世猶以武爲重，軍政修飭。正德以來，軍職冒濫，爲世所輕。內之部科，外之監軍、督撫，迭相彈壓，五軍府如贅疣，弁帥如走卒。總兵官領敕於兵部，皆跽，間爲長揖即謂非體。至於末季，衛所軍士，雖一諸生可役使之。」〔註237〕

《萬曆野獲編》載明代中後期武臣與文臣之間的地位懸殊：嘉靖時牛姓副總兵官，上書大學士張璁，自稱「走狗爬見」。萬曆間名將戚繼光官至少保，李成梁封寧遠伯，皆對大學士張居正自稱「門下沐恩小的某萬叩頭跪稟」。〔註238〕南京守備武臣與文臣、內臣的關係亦反映此種趨勢。

1. 守備武臣在政治鬥爭中處於下風

考查史籍，則早在英宗朝，南京守備武臣的地位和作用即已下降，英宗間

〔註234〕《神宗實錄》卷四百五十六，《明實錄》62 冊，8597 頁，8604 頁。

〔註235〕《熹宗實錄》卷八，《明實錄》66 冊，374 頁。

〔註236〕《〔正德〕大明會典》，《景印文淵閣四庫全書》617 冊，6 頁。

〔註237〕〔清〕張廷玉《明史》，2195～2196 頁。

〔註238〕〔明〕沈德符《萬曆野獲編》卷十七，452 頁。

第二任守備豐城侯李賢，其法定地位即已被總督機務王驥超越，此後即使貴爲公爵的外守備也易於得罪。天順三年（1459）五月，魏國公徐承宗任守備，與守備太監周禮奏請南京右府都督同知吳良通同管理夷人事務，兵部尙書馬昂卻言徐承宗等「非惟附下沽名，抑且罔上市恩，乞將承宗等執赴京師治罪。」英宗亦言徐承宗「徇私扶同，妄薦匪人，論法本當治罪，姑從寬宥。」〔註239〕天順三年七月，兵部又以徐承宗等「飾詞抗違請治其罪」，朝廷賜敕切責承宗，令其選諳曉夷語老成謹厚者三四人以聞。〔註240〕此時南京夷人事務由守備官員管理，薦舉官員亦在其職責範圍內，即薦舉不當，亦不致執赴京師治罪，此可見守備官員易於得罪。

外守備與文臣相爭常居下風，勳臣地位高於文臣，彼此相見禮儀較尊，文臣則不甘心居其次，嘉靖隆慶間魏國公徐鵬舉與南京兵部尙書爭道，兵部尙書不甘受屈，發其不法事，徐鵬舉又與低級文臣結怨，終被疏解職。吳逵時爲南京兵部職方司主事，「南京守備魏國公與兵部尙書爭道，尙書不勝忿，密問計，君曰：彼擅役營卒豈制耶？尙書悟，發其事，魏國果屈，還卒數千人。然以此銜君，君聞之即疏其諸不法事，有詔奪職。魏國怒曰：我拼一鐵券殺吳某如搏鼠耳！同僚咸危之，君不爲動。」〔註241〕守備勳臣常託祖制以維護自己的利益，而自己行爲又違制不當，在與文臣相爭中常遭處罰，失敗後其色厲內荏於此亦可見一斑。

內臣也輕視勳臣，徐承宗子徐俌弘治間出任南京外守備前奉祀孝陵，南京守備太監陳祖生奏其孝陵致祭皆由紅券門入，行禮僭越。而實際徐俌遵守祖制，與北京長陵等禮制相同。〔註242〕

正德間武官江彬得寵，權勢薰天，正德十四年（1519）江彬隨武宗南巡，南京外守備成國公朱輔見江彬即長跪，漕運總兵鎭遠侯顧仕隆稍不爲屈，江彬數窘之。〔註243〕

朱輔是惟一遭解職的公爵外守備，原因是寧王宸濠之亂時表現不力，協同守備西寧侯宋愷同任此咎。正德十五年（1520）十一月以評定寧王之亂，南京守備太監黃偉、參贊機務南京兵部尙書喬宇，操江南和伯方壽祥等紀功

〔註239〕《英宗實錄》卷三百三，《明實錄》21冊，6414頁。
〔註240〕《英宗實錄》卷三百五，《明實錄》21冊，6438頁。
〔註241〕〔明〕張萱《西園聞見錄》卷十一，《續修四庫全書》1168冊，277頁。
〔註242〕《孝宗實錄》卷一百四，《明實錄》30冊，1901～1902頁。
〔註243〕《武宗實錄》卷一百八十，《明實錄》37冊，3501頁。

得獎，惟獨無南京外守備、協同守備。〔註244〕

正德十六年（1521）七月，南京御史又言南京守備成國公朱輔威望才識不堪重任宜罷，得旨令朱輔自陳。當月北京言官又劾奏朱輔等貪冒倖進，請急罷黜。得旨朱輔罷任。〔註245〕

而南京協同守備西寧侯宋愷則於正德十五年十一月辭任，也因寧王宸濠之亂時倉惶失措。〔註246〕

明代後期，南京守備勳臣被劾罷職頻頻，其中一任南京外守備撫寧侯朱繼勳萬曆三十七年（1609）九月罷任後，在回京途中，居然被低級文官鈔關主事勒逼繳稅，至投水身亡。〔註247〕

嘉靖間魏國公徐鵬舉無故受罰，可見武臣貴至公爵也易於得罪。隆慶元年（1567），南京鄉試下第者數百人喧噪文廟門外，外守備魏國公徐鵬舉以聞變坐視奪祿米。〔註248〕《金陵瑣事》卷四《嘉靖來南場剩事》，記述此事較詳。隆慶元年，丁卯科鄉試，場中監生卷革去皿字號，僅中八人。揭曉後，主試與房考等至國學謁文廟。監生下第者數百人喧噪。巡城御史、操江都御史各使人呵止。事聞，詔南京法司逮問其為首者沈應文數人，如法發遣。祭酒呂調陽蒞任未久勿論。守備魏國公徐鵬舉以聞變坐視奪祿米，司業金達以鈐束不嚴奪俸，各二月。

徐鵬舉受罰實不妥當，監生鄉試鬧事，應該負責的為考試官員主考、同考等，教育官員如南京國子監官員，監察官員如都察院提學御史、南京都察院監試御史，治安官員如南京都察院巡視五城御史、五城兵馬司官員等。南京守備為最高安全官員，處置軍國大事，與其同任此責的還有內守備、參贊機務等，即使監生鬧事，危害京城安全，也應共同受罰，而徐鵬舉卻獨任此咎。時人也慨歎處置不公：「巡城御史與操江都御史官衙去國學密邇，聞變易於遣人。乃守備魏國公大功坊，去國學頗遠，責以聞變坐視，奪祿米。武臣之易於得罪也如此。」〔註249〕

《金陵瑣事》卷四《逐江陵喪》亦言萬曆間徐鵬舉之子魏國公徐邦瑞受

〔註244〕《武宗實錄》卷一百九十三，《明實錄》37 冊，3624 頁。

〔註245〕《世宗實錄》卷四，《明實錄》38 冊，187 頁。

〔註246〕《武宗實錄》卷一百九十三，《明實錄》37 冊，3620 頁。

〔註247〕《神宗實錄》卷四百六十二，《明實錄》63 冊，8727 頁。

〔註248〕《穆宗實錄》卷十二，《明實錄》49 冊，341 頁。

〔註249〕〔明〕周暉《金陵瑣事》，南京出版社 2007 年，144 頁。

辱於張居正家奴事：「張江陵喪過南京，府縣搭一席舍，與科道府部諸官祭奠。魏國公徐邦瑞隨例往祭。江陵之子令家奴答拜。魏國公怒，將祭物給軍役，寫牌一面，遣官逐之，謂軍營非停喪地，即令開船。」〔註250〕

2. 守備武臣素質低下

明代武臣地位的下降，與其自身素質低也有關係，其中高級武臣世襲貴冑，養尊處優，既無建功立業的雄心，也無爲國效力的能力，自身又德行不修，在激烈的政治鬥爭總是出於下風。

景泰間寧遠伯任禮任南京外守備時年近八十，自景泰二年十一月任至景泰五年十一月，無所作爲，因與協同守備趙倫於守備廳互相罵詈，遭南京科道官彈劾，此事連帶參贊機務張鳳，當年任禮解職，趙倫降級調離，張鳳調職，南京文武守備官員全部吏替。協同守備一職革置。于謙《忠肅集》記南京言官所言二人之醜行比較詳細，「任禮、趙倫於景泰五年二月初六日在守備廳內各惡言大聲罵詈，任禮歷數趙倫平日貪淫之跡眾所共見。彼時參贊張鳳在側，不能折制其爭端，乃卻緘默而隱忍，次日復同趙倫親詣任禮家跪拜和勸。」「任禮年將八十，昏耄無爲，出入則用人扶持，處事則乖方顛倒，自蒞事以來未聞贊一善、革一弊也。」趙倫「蔑禮義之行，乖廉恥之風。佔用軍職跟隨而虛張聲勢，出入八人抬轎，侵佔軍民田土蘆蕩，令軍人耕種賣錢入己。遣祭尚書趙新方畢，即又買其嬖妾，輒抬回家。」〔註251〕

魏國公徐鵬舉是南京外守備中任職最長的一位，明代史籍對其記述頗多，由於其自身不檢點，導致爲官無威望，無法統馭其下屬。嘉靖十八年（1539）徐鵬舉至新江營閱操，新江營水軍歸操江武臣誠意伯劉瑜和操江都御史簡霄掌管，由南京外守備提督。徐鵬舉下營閱操，簡霄稱病不出，劉瑜後徐鵬舉至營，又與其爭坐次不決，最後率眾軍出而罷操。徐鵬舉等上奏，朝廷命劉瑜、簡霄革職。言官又劾徐鵬舉等私役軍餘，多取操馬，驕恣無能，罪當並論。朝廷以鵬舉不砥礪志節，屢致人言，切責而宥之。〔註252〕

《萬曆野獲編》卷五《魏公徐鵬舉》記其違制及無能，「凡享國五十七年，爲掌府及南京守備者數任，備極榮寵」，「然溺愛嬖妾鄭氏，冒封夫人，因欲立其所生子邦寧，而棄長子邦瑞弗立，爲言官所聚劾，致奪祿革管事，

〔註250〕〔明〕周暉《金陵瑣事》，135 頁。
〔註251〕〔明〕于謙《忠肅集》卷十《兵部等衙門掌部事少保兼太子太傅兵部尚書等官于謙等爲糾劾事》，《景印文淵閣四庫全書》1244 冊，331～332 頁。
〔註252〕《世宗實錄》卷二百二十五，《明實錄》43 冊，4690 頁。

追奪鄭氏所得告身，生平舉動乖舛如此。其爲守備時，值振武營兵變，爲亂卒呼爲草包，狼狽而走，全無名將風概。」〔註253〕

南京振武營兵變發生於嘉靖三十九年（1560），南京總督糧儲戶部右侍郎黃懋官被殺，徐鵬舉應對失當，體面全無。此事明代史籍多有記載，如朱國禎《湧幢小品》，黃懋官被殺時，徐鵬舉在場，「懋官牽鵬舉衣，呼諸卒爲爺，曰：發廩，發廩。鵬舉稍諭止之，罵曰：草包何爲。張鏊呼曰：幸爲我貰懋官。不聽。數卒翻屋上木，飛瓦及鵬舉冠。乃各棄去，曰：力不能保公矣。然猶抱鵬舉足不肯捨，一侍者手撥之乃脫。」〔註254〕

朱國禎所記爲傳聞，何良俊則親見此事，「南京大小九卿集議於中府。大眾擁至中府。諸公惶遽無措，踰垣而出，去冠服，儌蹇驢，奔迸逸去。」「親望見軍士以槍桿擊魏國紗帽。」〔註255〕

南京戶科給事中李萬實《劾南京守備某並掌府定遠侯某等疏》則記其違法事，「蓋造違制，花園亙禁城六七十里，皆占奪民家物產，不知有無欽賜。機戶宗仁以織女衣而納遲，登時打死，各衙門訴詞可查。坊長王銳因毆生員而逃罪，私其妻媳，江寧縣拘差不發。老鵲嘴、鐵線港蘆洲七千餘畝，徒取諸民。鄭太監、李都督房屋二千餘間，強拆歸己。陵軍役占八十名，每歲班錢輸納。」〔註256〕

《客座贅語》卷九《趙徐二公》記其放縱：「嘉靖中，魏國徐公鵬舉年七十餘而卒，所畜姬妾亦七十餘人。」「徐公每夜以紅棗數十枚，令姬妾口含，過夜輒食之。」〔註257〕

徐鵬舉隆慶四年（1570）二月卒於位，死前一月，又因立嗣違制，奪祿米一月，妾鄭氏追奪誥命。〔註258〕卒後其子請祭諡，朝廷命照例予祭，不與諡號。

3. 明朝廷對守備武臣信任不疑

儘管擔任南京守備的武臣多有缺陷，飽受指責，但明朝廷對其深信不

〔註253〕〔明〕沈德符《萬曆野獲編》，146～147頁。
〔註254〕〔明〕朱國禎《湧幢小品》卷三十二《振武兵變》，《明代筆記小說大觀》3861頁。
〔註255〕〔明〕何良俊《四友齋叢說》卷十二，《明代筆記小說大觀》，951頁。
〔註256〕〔明〕李萬實《崇質堂集》卷十九，《四庫全書存目叢書》集部112冊，303頁。
〔註257〕〔明〕顧起元《客座贅語》卷九，259頁。
〔註258〕《穆宗實錄》卷四十一，《明實錄》50冊，1021～1022頁。

疑，以魏國公徐鵬舉爲例，其遭彈劾多次，兩次罷免，第三任病卒。第一次免職在嘉靖十三年（1534），《世宗實錄》記載其事，事出於左都御史王廷相和都給事中曾忭的舉劾，《皇明疏鈔》和《皇明嘉隆疏鈔》收錄二人奏疏。王廷相《請議南京守備事權疏》，中言魏國公徐鵬舉家族長期擔任守備，權勢太重，「小民之愚，不能家喻戶曉使知此意。但見其終身任事，便以爲彼所管轄，無所逃避，死心承順，莫敢誰何。平日行有過惡，鄉官士夫結舌緘口，無一人敢行私議，指揮千百戶等官恣爲捶楚，無一人敢出怨言。故殺平人，生者務爲自保而不敢訟死者之怨，甚至寧得罪於朝廷而不忤其意，寧廢公家之事而不敢違其私。」〔註259〕又言留都重地，大權不能旁落，並舉漢唐之例，建議南京守備公侯伯皆得任用，限三年或五年爲任滿，不得連任。王廷相疏上後，兵部尚書王憲與武定侯郭勳、吏部尚書汪宏等議，認爲南京守備權任太重，久任不易，原非定規，建議令徐鵬舉辭職，推舉公侯伯賢者代之。既而徐鵬舉辭任，兵部復議題請。朝廷下旨不准徐鵬舉辭任，命其照舊守備管事。

都給事中曾忭復上《採輿議以定大計疏》請免徐鵬舉，疏舉文帝不用賈誼之言致七國並起事爲例。又言徐鵬舉並非有他志，也不是徐氏家族不能典兵，而是不能世世典兵。「彼民愚無知，徒見威福之柄徐氏世執之，而其父祖子孫又世爲徐氏隸，是故虐使之則畏附而不敢有辭，惠恤之則感恩懷德牢結而不解。夫世兵之臣爲眾所畏附與，大得眾心，皆古人所忌，是故其仁其暴皆非國家之利也。陛下世有天下，徐氏世典南畿，兩都相望，徐氏與陛下相世，甚非所以明嫌遠偪，尊君卑臣之道也。」〔註260〕此疏上後，嘉靖十三年閏二月二十四日朝廷下旨，准徐鵬舉辭。

四年後的嘉靖十七年（1538）四月，又命魏國公徐鵬舉二任南京守備。至嘉靖三十年（1551），南京戶科給事中李萬實又上《劾南京守備某並掌府定遠侯某等疏》，對徐鵬舉進行攻劾，疏中不少內容同於王廷相疏，增加一些徐鵬舉違法亂紀之事，最後言「既舉重地而付之一人，復委重權而任之終身，若無通變之權，恐非善後之道，伏望皇上思利器之不可假人，念大權之不可偏冒。」〔註261〕要求將徐鵬舉革職。除徐鵬舉外，疏中遭李萬實攻劾的還有

〔註259〕〔明〕孫旬《皇明疏鈔》卷五二，《續修四庫全書》464冊，471頁。
〔註260〕〔明〕張鹵《皇明嘉隆疏鈔》卷十二，《續修四庫全書》466冊，478頁。
〔註261〕〔明〕李萬實《崇質堂集》卷十九，《四庫全書存目叢書》集部112冊，304頁。

南京後軍都督府掌印定遠侯鄧繼坤，前軍都督府掌印保定侯梁繼蕃，南京錦衣衛都指揮僉事朱熊。嘉靖三十年三月，朝廷下令三人革職閒住。〔註262〕徐鵬舉則不見處分。直至嘉靖三十四年（1555），由於南京應天府死囚越獄才將徐鵬舉革任，命其奉祀孝陵，於南京中府帶俸。〔註263〕

嘉靖三十七年（1558）十月又命徐鵬舉任南京外守備。嘉靖三十九年（1560）二月，南京振武營兵亂殺督儲侍郎黃懋官，事後朝廷將兵變歸咎於黃懋官，作為南京最高安全官員的守備諸臣負有領導責任，俱上疏請罪。四月朝廷下旨，徐鵬舉留任。其同僚協同守備李庭竹免職閒住，參贊機務張鏊致仕，內守備何綏降三級徵還。時任兵部尚書的楊博記其與吏部尚書吳鵬商議的處理理由，其中何綏係內臣，去留出自朝廷，其不敢定擬。另外三人，「尚書張鏊素稱清謹，本無顯過，衹緣地方之事起自倉卒，應變才略委非所長，根本重地以難復任。魏國公徐鵬舉年雖近暮，精力尚強，且久守留都，人心頗服，以應勉留。臨淮侯李庭竹本以常流冒功重寄，既已傷重損威，更難展布，似應罷斥。」於此可見，在朝廷看來，守備官員中徐鵬舉為聲望最高的，也是最可信任的。此後徐鵬舉又任職十二年，年七十四卒於位。

言官請罷徐鵬舉最重要的理由是守備權太重，長期由一人或一家把持，危及皇權。可在明代最高統治者看來，勳臣只不過是名義上的顯貴，奉命主持各類重要典禮而已，即任統兵官也受到文臣、內臣嚴密監控，根本不可能危及其皇權，南京守備武臣也是如此。世宗是太祖、太宗後最諳權術的明代帝王，世宗朝的內閣輔臣也多老謀深算者，如楊廷和、費宏、楊一清、張璁、夏言、嚴嵩、徐階、高拱等人，能對朝廷構成的任何威脅自然會深加防範，徐鵬舉任守備自正德十六年起，中間兩度免職，三任守備至隆慶四年，貫穿整個世宗朝，明朝廷對其始終非常信任。儘管王廷相等人以徐鵬舉有擅權之嫌請求罷免，朝廷最終也可其請，實際上是對文臣集團的某種讓步而已，並不相信徐氏家族任守備會危及其統治。勳臣與皇家是一榮俱榮的關係，其職掌又受文臣、內臣限制，徐鵬舉等勳臣作為守備，既無能力也無動機對朝廷構成威脅，儘管有種種欺壓官民的不法事端，對朝廷的忠誠是不可置疑的。

在南京守備制度中，守備內外文武諸臣相互協調和限制，沒有一方能獨掌大權，守備武臣由於自身能力素質和法定職掌的限制，是守備諸臣中最少

〔註262〕《世宗實錄》卷三百七十一，《明實錄》46冊，6639頁。
〔註263〕《世宗實錄》卷四百十八，《明實錄》46冊，7253頁。

作爲的。南京外守備、協同守備具有法定的優越地位，而其實際管轄的範圍小於內守備，守備南京中發揮的作用小於參贊機務。儘管在守備設立的初期和中期，有的守備憑藉其才能、品行受到軍民的擁戴，成爲名副其實的守備諸臣之首，有的守備憑藉其家族勢力，長期保持其優越的地位，多數守備只是墨守成規，備位而已。至明後期隨著武職官員在整個權力結構中地位不斷下降，其成員自身素質的漸趨低劣，整個武職階層走向沒落，南京外守備、協同守備在守備南京中發揮的作用也越來越小。